Louis Fürnberg   Lebenslied

Louis Fürnberg

LEBENSLIED

Ausgewählte Gedichte

Faber & Faber

Auswahl Gerhard Wolf und Alena Fürnberg

Die Gedichte sind entnommen aus: Louis Fürnberg, Gesammelte Werke in sechs
Bänden, Band 1 und 2, Aufbau-Verlag Berlin und Weimar 1964/65.
(Die Gedichte: *Kindheit, Wie anders die Erde von oben gesehn, Vor dem Spiegel spielte ich
mit Masken, Und manchmal ein Tor und nistende Schwalben, Château de Muzot-sur-Sierre,
Bückt euch und ängstet nicht* aus: *Der Bruder Namenlos, Ein Leben in Versen.*)

Copyright 2009 by Faber & Faber Verlag GmbH
Alle Rechte vorbehalten
Gestaltung Helmut Brade, Andreas Richter
Druck und Bindung Offizin Andersen Nexö, Zwenkau
Printed in Germany

ISBN 978-3-86730-098-8

Dieses und weitere Bücher des Verlags finden Sie auch im Internet unter
www.faberundfaber.de

Von diesem Buch erscheint eine Vorzugsausgabe von 50 Exemplaren
mit je einer 1-50/50 numerierten und signierten Radierung von Claudia Berg

LIEBE ZU BÖHMEN

Liebe zu Böhmen 9
Skizze 10
Und noch ein Frühlingslied 11
Augustabend 12
Antonín Dvořák, Sonatine op. 100 13
Herbsteskommen 14
Winterlied 15
Traumlegendchen 16
Café Continental 17
Leben und Sterben F. K.s 20
Prag 1939 23
Lauter fremde Leute 24
Heimat 25
Böhmen 26
Abschied von Prag 28
Vítězslav Nezval — Adieu und Tüchelein 29

ECHO VON LINKS

Jeder Traum 33
Kindheit 34
Wie anders die Erde von oben gesehn! 35
Das Duxer Lied 36
Der Radio-Papst 37
Songs aus: Ein Mensch ist zu verkaufen 40
Du hast ja ein Ziel vor den Augen 44
Schön ist die Welt 45
Marx 46

LEBENSLIED

Vor dem Spiegel spielte ich mit Masken 51
Und manchmal ein Tor und nistende Schwalben 52
Bückt euch und ängstet nicht 54
Château de Muzot-sur-Sierre 55
Sommer 1939 58
Einzelhaft 59
Das Nußbaumblatt 60
Scherzo maritime 61
Im Park von Monza 62

Herbstlied im Kriege 69
Vogelzug 70
Ein Judenlied 71
Ahasvers Enkel 74
Die Ouvertüre 75
Den Mitmenschen 76
Abendgang 77
Die Wende 78
Stilleben mit Blut und Tränen 79
Heimkehr 82
Ein Lebenslied 84

DAS WUNDERBARE GESETZ
Aber die Erde 89
Nach Mitternacht 90
Der neue Odysseus 91
Abend in der großen Stadt 92
Selbstgespräch Toulouse-Lautrec 93
Liebeslied 94
Abendlied für Lotte 95
Alt möcht ich werden 96
Im Gebirge 97
Schwere Stunde 98
Glorienreicher Sommernachmittag 99
Ein Reiselied für Lotte 100
Herbst 101
Jedes Jahr um das ich älter werde 102
Für Alena 103
Andante 104
Noch einmal 105
Schlaflose Nacht 106
Linde vor meinem Fenster 107
Epilog 108

Gerhard Wolf
Traum und Wirklichkeit in der Dichtung Louis Fürnbergs ... 111
Anmerkungen zu den Gedichten 119

LIEBE ZU BÖHMEN

Liebe zu Böhmen

In diesem Land, wo ich geboren bin,
erfüllt sich mein Gedicht.
Wo anders könnt ich leben?
Die Sonne Böhmens spendet mir ihr Licht
und Böhmens Erde prägte mein Gesicht
und was ich bin, hat mir dies Land gegeben.

In diesem Land, das so viel Tränen sah
und wo im Lied das Leid
der armen Leute weinte,
klingt jetzt das frohe Lied der neuen Zeit
und meine Heimat, jung und weltenweit,
ist endlich Heimat, die ich immer meinte.

Durch dieses Land geht jetzt ein junger Tag
mit großem, schwerem Schritt
über die braunen Schollen.
Mich nimmt der Frühling in die Saaten mit
und bei der Ernte fühl ich schon im Schnitt,
wie mir die Körner durch die Finger rollen.

1949

Skizze

Meine Wiege stand im mährischen Land,
Böhmen hat mir das Herz verbrannt,
ein Feuer von Konstanz hat mich verzehrt,
ein Ruf aus Petrograd leben gelehrt.

Knabe, nachts über Bücher gebeugt,
hab ich mir selbst eine Welt gezeugt,
traumtiefe Glocke, wie klang sie mir nach,
ach welche Trauer, als sie zerbrach.

Jahre des Suchens, mir selber zur Last,
Einsamen war ich ein einsamer Gast,
stumm, ohne Lied, in den Schenken beim Wein
nährte der Zecher sein Einsamsein.

Aber das Leben war hold und es schmolz
Eisberg um Eisberg, törichten Stolz,
Sterne, heller als je es sah,
blinkten dem Herzen zum Greifen nah.

(Fragment)

Und noch ein Frühlingslied

So viele Lieder geschrieben werden
auf den Frühling, es sind noch immer zu wenig
und je älter ich werde, desto mehr lieb ich ihn.
Wenn ich am Morgen in den jungfräulichen Tagen
nach den Bäumen schau, die die nackten Arme ausstrecken
und sie in der Sonne wärmen,
dann seh ich schon, wie sie Blätter tragen
und wie die Kastanien die Kerzen anstecken
und wie die Erde, von Blütenschauern erschreckt,
in hektischen Atemstößen den Vogelschwärmen
sich entgegenwirft, den Libellen, den Faltern,
den Bienen, den Blumen, den Käfern, den Beeten
und wie in der Nacht die Gärten vom Flöten
und Singen der Nachtigallen klingen und klingen
und nach jungem Heu duften und nach Holunder,
nach Maiglöckchenschlaf und Jasmin und Linden
und spür schon den Frühling den Sommer entbinden
und seh schon die Kinder Blumen winden
zu Kränzen und fühl die Buchen, die Birkenwunder,
die Ahornträume, die glitzernden Teiche,
den Halm, in den ich beiße,
das Blaue und Weiße
des Mittsommermittags ...

Augustabend

Die silberne Sichel des Monds
schneidet die Ähren im Feld.

Vom Wald her springt mich der Abendwind an,
ein schnaubendes Füllen, silbergrau.

Schwer, wie eine starke Stute,
kommt die Nacht dahinter gerannt,

eine Glocke um ihren Mähnenhals
bimmelt mich in Schlaf.

Antonín Dvořák, Sonatine op. 100

Es war ein Sommerabend,
ich lehnte an der Tür,
drinnen im Zimmer spielten
sie Geige und Klavier.

Die kleine Sonatine
füllte mein Herz wie nie,
über die böhmischen Teiche
zog der Wind der Prärie,

wie am Kartoffelfeuer
wir als Knaben gewacht — —
durch den Urwald von Fischern
rauschte indianische Nacht,

schmauchten im Wigwam Pfeifchen,
hielten Palaver dazu,
— ach, wie erkenn ich dich wieder,
Antonín Winnetou!

Herz, wie soll ich dich halten,
wo willst du hin mit mir?
Kindheit, o Sonatine,
Lauschender an der Tür — — —

Herbsteskommen

Schau, der Herbst ist leise eingetreten
um die Hügel fließt sein blauer Glast
und die Astern stehen in den Beeten
und die Amseln, die schon leiser flöten
wiegen sich am Ast.

Auf den Stoppelfeldern sprühn die Feuer
nachts den Buben Funken ins Gesicht
und sie hocken heiß vom Abenteuer
rings im Kreis, und bleich und nicht geheuer
streut der Mond sein Licht.

Anders knirscht der Sand schon auf den Wegen
wenn wir langsam durch den Garten gehn.
Nicht mehr lang, dann fallen auch die Regen ...
alles muß sich einmal niederlegen,
um im Frühling wieder aufzustehn.

Winterlied

Wind trieb sein flüsterndes Spiel,
blies den Schnee von den Zweigen,
wie mich der Wald befiel
und sein Schweigen.

Und dann sah ich nur
noch die Tupfen im Schnee,
war's ein Hase, ein Reh?
Wohin führt die Spur?

Einfalt des Suchens — wohin
treibt mich mein Herz ohne Ruh?
Auf wen wartest du?
Ist da ein Sinn darin?

Gehst du die Fährten lang,
die sich im Holz verliern,
— wär dir dort bei den Tiern
weniger bang?

Bodenlos sinkst du ein,
schwer ist der Weg nach Haus,
blau lischt die Sonne aus.
Sei nicht allein!

Auf ging die Türe weit,
fernher schon sah ich dich,
wartetest du auf mich
all die Zeit?

Traumlegendchen

Heut in der Nacht hab ich geträumt
und ich war in der Stadt der guten Gesellen,
dort waren die Straßen mit Sternen gesäumt
und dort klangen die silbernen Schellen.

Und dort waren kein Tod und kein Leid,
denn die gingen als Verfemte vor der Stadt
auf und nieder und starrten aufs Zifferblatt
einer Uhr ohne Zeiger und Zeit.

Und niemand hielt die Hände im Schoß
und auf den Feldern wogten die schweren Garben
und weil keine Kinder mehr Hungers starben,
wurden sie alle Männer und Frauen, fröhlich und groß.

Und sie lächelten alle einander zu
und wurden nicht müde, das Schöne zu lernen,
und liebten die Sonne und lachten unter Sternen
und nannten einander Genosse und du.

Und dann faßte ich mir einen großen Mut
und ich schlug vom Traum die Augen auf.
Prag schlief friedlich und zu mir herauf
trug der Nachtwind seine Träume warm und gut.

Ach, ich hab den Traum im Traum erkannt.
Gute Träume gehen stets zu zweit.
Unsre Träume gehen Hand in Hand
in die morgenhelle Wirklichkeit.

Café Continental

Könnte dein Dichter dich sehn,
bei der Witwe Weiß, Masná 10, —
stündest du heut noch vor seiner Tür.
Dein Mantel und deine Haut
riechen nach gestrigem Kraut.
Damit geht man durch kein Rosenspalier.

Ach, keine blaue Blume wächst
in der Stube, wo ihr zu sechst
auf knarrenden Holzbetten haust.
Aber dafür Schimmel und Schwamm.
Nur dein Traum bleibt ein Lamm,
dem du zärtlich die seidene Wolle kraust.

Und dies Prag ist so häßlich und schön,
voller Stille und voll Gedröhn, —
wonach du begehrst.
Dreihundert Jahr sind wie nichts
und verklärten Gesichts
steigst du zur Burg empor, als ob du ein Salus wärst.

Zeit, die kein Uhrwerk maß!!
Wer nie im »Conti« saß,
kennt euch nicht, ihr himmlischen Mächte! ...
Anthroposophie und Hellerau,
»Neue Rundschau« und »Dirne und Frau«
und Rausch und Selbstmordnächte ...

Golem mit watschelndem Gang
ging den Graben entlang,
Bondy und Fürth und Hirsch als Beschwörer zur Seit'.
Alle waren sie
Meister der Alchimie,
zauberten Gold zu Dreck bei jeder Gelegenheit.

Angeblich ging etwas vor.
Was uns das schon schor! ...
Drüben am Nebentisch saß rauchend Karl Kraus.
O welche Gloria!
Uns war der Meister da
und wie im Rausche zog man nach Haus.

Selig, wer glückdurchschwitzt
an seiner Seite sitzt,
wer die schärfsten Wachen durchbrach; —
wird von der Stunde an
selbst zum Heiligen Mann,
zu dem ER durch den brennenden Dornbusch sprach.

Kann uns der Meister nicht sehn,
laßt uns ihn hintergehn:
Werfel ist nicht der Schlimmste, — was immer man sagt!
Gott, man goutiert ihn nicht ganz
und man liest mit Distanz,
wenn man sich an den »Paulus unter den Juden« wagt.

Fromm sein! Und hat er nicht recht?
Wir sind ein gottlos Geschlecht;
deshalb schlägt uns die Zeit auch mit Armut und Pein!
Unsere Seelen sind stumm.
Endlich sagt Einer, warum, —
und er lehrt uns, Brüder in Christo zu sein.

Lebt noch der Saulus in mir,
greif ich schnell nach dem Brevier
und bin umrauscht von weicher Fittiche Wehn.
Steh schon ein bissel im Licht,
muß aber deshalb nicht
gleich nach Břevnov zur heiligen Taufe gehn.

Apropos: sicherlich
hat auch Brod was für sich,
wenn er den Widerstreit der Dogmen kalmiert.
Schließlich hat er mit Ruhm
Jud-, Christ- und Heidentum
in seiner eignen Brust schön demonstriert.

Nur mangelt's ihm halt an Lack.
Er hat zuwenig Geschmack
und seine Romane sind viel zu sehr populär.
Er hat sich zu stark gewöhnt
an die Frau, nach der man sich sehnt,
und gibt sich zu leicht zu jedem Kitschbüchel her.

Auch hat er einen Defekt,
seitdem er den Kafka entdeckt.
Er treibt einen Kult mit ihm, der ist nicht mehr schön.
Man wird das Gefühl nicht los,
er zieht den Kafka nur groß,
um im Zwielicht selber noch größer dazustehn.

Für uns, — die geistige Creme,
ist der Kafka kein solches Problem, —
nur Brod allein bleibt dabei ignorant.
Aber teils bleibt der Saul ein Saul
und teils wieder ist er zu faul
und nimmt die »Traumdeutung« nicht in die Hand.

Der Raum des Schönen ist weit
und deshalb ist unsre Zeit
auch noch weit entfernt vom Spenglerschen Untergang.
Man lebt und der Geist geht nicht drauf,
man zäumt den Krampen auf
und dann läuft er wieder ein paar Jahre lang!

Leben und Sterben F. K.s

Es fließen Ströme querweltein,
die Wolken segeln abendwärts,
man möchte gern gestorben sein
und hat dabei ein Knabenherz,

die Mutter flüstert, flattert leis,
das Haus ist alt, die Diele knarrt,
die Schwestern drehen sich im Kreis,
die Kindheit liegt im Sand verscharrt.

Jan Hus hebt drohend sein Gesicht,
ein Scheiterhaufen lockt nicht mehr,
ein Dampfer ohne Gleichgewicht
schwankt durch die Abendgasse schwer.

Die letzten Menschen gehn zur Ruh,
die Sonne rollt, ein Riesenrad,
dem Rummelplatz vor Troja zu,
ein Stern steht überm Karls-Bad.

Die Nacht blaut auf, ein Zirkuszelt,
die Brücken, heiligengeschmückt,
führ'n aus der Welt in eine Welt,
wo nur noch Einsamkeit beglückt.

Der Golem wächst zur Stadt hinaus,
der hohe Rabbi Löw ist alt,
der Zeitwind löscht die Kerze aus,
des Schofars schrilles Schrein verhallt.

Die Nachgebornen stehn und schaun,
ob diese Nacht kein Kind gebiert,
die Jungfraun werden nicht zu Fraun,
marien-keusch und unberührt.

Wie wird man die Gespenster los?
Sie hocken hinterm Kinderbett.
Ist Kindergrauen Dichterlos?
Wird man dem Vater zum Gespött?

Und Gott und Vater, beides Eins,
und Seelenschwachheit ohne End',
und was ist Meins und was ist Seins
und was der Erde Sakrament?

Und ist dies alles? Jus und Schluß?
Und dies die letzte Konsequenz:
ein Posten, der sich finden muß,
im Staatsdienst einfacher Frequenz?

Und Werfel, Fuchs und Brod und Baum
und Pollak, Utitz, Weltsch und Kisch?
Ist meinem Traum zu eng der Raum?
Sind Qualen so erfinderisch?

Und lieg ich müd am Kanapee,
wer sehnt sich mit mir fortzugehn?
Und wenn ich vor dem Spiegel steh,
wer wagt es nicht, hineinzusehn?

Zu eng die Stadt, zu eng die Zeit!
Ich sprang aus einer Mutter Schoß,
zu klein für eine Ewigkeit, —
für kleine Zeit zu weit, zu groß!

Und wer wird mein Gefährte sein?
Wer geht mit mir den Weg zu End'?
Ich bin allein, ich bleib allein,
ein Kerzlein, das nicht lange brennt ...

Ich schau zurück. Wie wird das klein,
was gestern Meer der Schmerzen war,
nun geht die Freude in mich ein,
nach überstandener Gefahr.

Die Wölfe ziehen sich zurück
und auch die Jäger gehn nicht mehr, ...
ich aber lös mich, Stück um Stück
von Obenhin nach Untenher.

Die dunkle Grube nimmt mich auf,
sagt Kaddisch und vergeßt mich dann!
Zurück lauf ich den Lebenslauf,
in Dunkelheit, wo ich begann.

Von Dunkelheit zu Dunkelheit ...
und kreisend ründet sich der Kreis.
Jetzt erst wird mir die Erde weit, —
wo ich mich in der Erde weiß ...

1957

Prag 1939

Wo kommen denn die Bilder her?
Wohin sind sie geschehn?
Der Frühling macht die Füße schwer
uns beim Spazierengehn.

Ein Nachmittag, ich weiß nicht mehr,
ob's schneite oder nicht,
ob's Flocken leicht, ob's Blüten schwer
uns schneite ins Gesicht.

So einsam lag das Belvedere.
Die Sonne spielte weiß
unten am dunklen Moldauwehr
mit Glitzern und Gegleiß.

Die Luft war laut vom Vogelschwall
und grün im Frühlingsfest
hob sich St. Niklas' Kuppelball
aus Zweigen und Geäst.

Wir gingen und im Herzen sang
es: Trinkt! O trinkt noch mehr!
Wir sehen uns wer weiß wie lang,
wer weiß wie lang nicht mehr ...

Lauter fremde Leute

Nicht daran rühren! Sie sind noch da
und alles zeugt noch von ihnen.
Der Spiegel, in den die Mutter sah,
des Vaters Taschenuhr ist da,
das Halstuch, das der Bruder trug,
das Haus, in dem sie wohnten.

Der Apfelbaum ist auch noch da
und das grüne Gartengitter,
an dem die Stachelbeeren stehn.
Wer wird sie heuer pflücken gehn?
... Lauter fremde Leute.

Dort drüben zieht die Eger hin
und der Wald steht schön dahinter.
Wie dunkeltief die Tannen stehn.
Wer mag denn dort spazierengehn?
... Lauter fremde Leute.

Sommer war und Winter war
und immer derselbe Himmel.
Nicht daran rühren! Kein Menschenlaut ...
Man trieb sie ... und wo sie hingeschaut
... Lauter fremde Leute ...

Heimat

Du, die ich immer besang,
Traum und Tag, Lust und Leid,
der ich ein Leben lang
lauschte auf dein Geläut,

Heimat, ach heut erst spür
ich mich daheim und voll Sinn
und ich weiß erst, wofür
ich so bin, wie ich bin.

Wenn ich mich wandermüd
abends nach innen kehr,
wird mir dein Bild zum Lied
unter den Lidern schwer.

Wenn ich am Morgen mich
leicht aus den Kissen heb,
schenkst du mir mütterlich
alles, wofür ich leb.

Machst mir die Türe weit
auf und die Weite winkt
und ich geh in die Zeit,
Näh und Ferne trinkt.

Und der Firn ist nah
und die Luft voller Klang
und du bist immer da,
die ich ahnend besang.

Böhmen

1

Tropfend ins Weltenall
fallen Minuten,
wenn wir im Blätterfall
langsam verbluten.

Schatten, der näher kroch,
würgte das Lachen.
Spielen die Kinder noch?
Steigen die Drachen?

Sprüht noch ein Feuerwerk
herbstbunter Garben?
Ach, am Laurenziberg
starben die Farben.

2

Wenn wir nachts durch fremde Straßen gehn
und uns fröstelt und wir heimverlangen,
fremder Sprache Laute uns umwehn
und wir mit den Augen Sterne fangen,

träumen wir sie über dem Hradschin,
und wir stehn und schauen lang und grüßen
stumm die schönste Stadt zu seinen Füßen,
unsre Mutter Prag, die Dulderin.

3

Fern sind wir,
doch nimmermehr vertrieben.
Wo wir sind,
wir sind daheim geblieben.

Wo wir bauen,
wo wir säen und pflücken,
hin zur Heimat
führen alle Brücken.

Wie in Traum und Handlung
wir verströmen:
Schlaf und Wachsein,
jedes Glück heißt Böhmen.

1939

Abschied von Prag

Wenn eine Zeit kommt, wo du glücklich bist,
vergiß die Blüten jenes Frühlings nicht, —
die Heimat war so schön und dein Verzicht
war schmerzlicher, als es zu sagen ist.

Weiß Gott, du gehst nicht gern auf immer fort,
du liebtest jedes Fleckchen Erde hier,
du liebtest Prag und Prag, es schenkte dir
mehr als die Kraft zum Träumen und zum Wort.

Und dennoch gehst du und schon bist du weit — —
und alles ist gewesen, auch die Stadt,
die dich einst mütterlich umfangen hat
und dich nicht läßt in alle Ewigkeit.

Prag 1954

Vítězslav Nezval
Adieu und Tüchelein

Adieu und wenn wir uns nicht wiedersehen sollten,
so war's doch Glücks genug und war's doch wunderschön,
adieu und wenn wir auch uns wieder treffen wollten,
könnt doch statt meiner dann ein andrer vor dir stehn.

Es war unsagbar schön, doch alles nimmt sein Ende,
schweig, Totenglöcklein, schweig, ich kenn das Traurigsein,
ein Kuß, ein Taschentuch, ein Schiff stößt von der Lände,
drei Lächeln oder vier, und dann bleibt man allein.

Adieu und wenn wir auch einander Worte sparten,
bleib' doch ein zarter Rest Erinnerung zurück,
fein wie ein Taschentuch, schlichter als Ansichtskarten
und wie von Goldlackduft ein wenig schummerig.

Und ließest du mein Aug' wie keines sonst begnaden,
weiß ich doch, Schwälbchen, daß dich's heim ans Stalltor zieht,
zeigtest mir auch dein Nest an südlichen Gestaden,
dein Schicksal ist der Flug, mein Schicksal ist das Lied.

Adieu und wenn wir nun nie mehr zusammenkämen,
wär alles ohne Sinn, gäb ich die Hoffnung auf.
Woll'n wir uns wiedersehn, laß uns nicht Abschied nehmen.
Adieu und Tüchelein! Schicksal nimm deinen Lauf.

Übersetzung von Louis Fürnberg

ECHO VON LINKS

Jeder Traum

Jeder Traum, an den ich mich verschwendet,
jeder Kampf, wo ich mich nicht geschont,
jeder Sonnenstrahl, der mich geblendet —
alles hat am Ende sich gelohnt.

Jedes Feuer, das mein Herz gefangen,
jede Sorge, die mein Herz beschlich — —
war's oft schwer, so ist's ja doch gegangen.
Narben blieben, doch es lohnte sich.

Unser Leben ist nicht leicht zu tragen.
Nur wer fest sein Herz in Händen hält,
hat die Kraft, zum Leben Ja zu sagen
und zum Kampf für eine neue Welt.

Jeder Tag ist in mein Herz geschlossen,
der auch mich zu diesem Dienst beschied.
Was ich singe, sing ich den Genossen,
ihre Träume gehen durch mein Lied.

1950

Kindheit

Kindheit ... um uns waren Gassen
grau und voll von Gestank.
Krieg war.
Wir saßen mit blassen
Wangen in kalten, schimmelnden, nassen
Kellern, wurden krank.

Wir schleppten uns am Morgen
zur Schule. Es roch nach Karbol.
Schleppten uns hungrig nach Hause,
saßen beim grauen Brot.

Kindheit ... Da war kein Ahnen
und kein Wunder im Traum.
Tod in schwarzgelben Fahnen
troff von verwitterten Giebeln
und auf Kaskaden von Übeln
wölbte sich blutiger Schaum.

Kindheit ... O ewige Wunde!
Krüppel und lungernde Hunde
streunend und gottverflucht ...

Such ich sie manchmal im Schatten,
schauder ich, wenn ich sie faß.
Alles was wir behielten
von den tränenzerwühlten
Jahren ist endloser Haß.

Wie anders die Erde von oben gesehn!

Wie anders die Erde von oben gesehn!
Durch bauschige, wattige Wolkenschichten,
die sich bisweilen ein bißchen lichten.
Dann sieht alles wie ein Spielzeugladen aus.
Kirchtürmchen schlank und spitz
und winzige Häuschen in bunten Farben
und Sonnenblitze in Fächergarben
und Teiche von Taschenspiegelgröße
und Wälder wie dunkle, rauhige Wolle
und zackige Felsen in häßlicher Blöße
und Städte, in denen es wirbelt und kreist,
wo Trambahnen lautlos die Straßen durchschießen
der Stadt, von der man nicht weiß, wie sie heißt.

Denn man fliegt! Man ist hoch emporgehoben
über den ganzen Dreck, der sich Erde nennt!
Man ist oben! Im einzigen Element,
in dem sich's für Sterngucker leben läßt!
Die dünne Luft! Wie der Atem geht!
Endlich nicht mehr ins Leben gepreßt
wie in zu enge Stiefel! Auf Wolken spazieren!
Das Unten war nichts als Parodie!
O Seligkeit, endlich die Infamie
des irdischen Daseins zu sublimieren
und frei zu sein und singen zu können!

Und zu wissen, da ist kein Nachbar, der klopft,
weil er schlafen will, wenn man singen will!
Und zu wissen, da ist kein Kind, das brüllt,
wenn man den stillen Park durchstreift,
nur Ton, nur Farbe, nur Klang, nur Bild ...

Das Duxer Lied

Da ziehen sie durch das Duxer Revier,
viel hundert Männer und Frauen.
Wir haben Hunger! Drum kommen wir
und pochen mit Fäusten an eure Tür!
Ihr sollt unser Elend schauen!

Wir haben kein Geld und wir haben kein Brot
und ihr habt uns die Arbeit gestohlen.
Und über uns droht der kalte Schlot,
doch wir wollen Brot, und die Wintersnot
treibt uns zu euch, es zu holen!

Ja, stellt nur eure Gendarmen her,
die graubehelmten Schrecken!
Ein jeder zeigt seinen Pendreck her
und sein Bajonett und sein Gewehr!
Wir wollen nicht verrecken!

Der Petschek in seiner Villa in Prag
und alle die anderen Drohnen
fressen soviel der Ranzen mag
und von goldenen Schüsseln Tag für Tag!
Für uns gibt's blaue Bohnen!

Der Petschek schnipst den Finger und spricht:
Was zögert ihr? Laßt schießen!
Mich scheren Fraun und Kinder nicht!
Hinein damit ins Kreisgericht!
Die Bande wird es büßen!

Ihr schreckt uns nicht! Tut was ihr wollt!
Schießt uns nur alle nieder!
Schießt uns mit Kugeln aus euerm Gold!
Wir kommen, bis euch der Teufel holt,
immer und immer wieder!

1930

Der Radio-Papst

In seiner weißen Tunika
spricht er ins goldne Mikrophon,
des lieben Gottes Enkelsohn,
Seine Heiligkeit
Seine Heiligkeit
Seine Heiligkeit
der Papst.

Er spricht zu denen,
die mit Kronen
über den Menschenvölkern
thronen,
zu denen, die in Schlössern wohnen,
und zu den
dreißig Millionen
Arbeitslosen.

Was will er denn, der heilige Mann?
Er will tun,
was er kann.
Er will tun, was er kann.
Ja, was kann er denn, der Herr Papst?

Kann er den Feiernden Arbeit geben?
Oder den Hungrigen Brot zum Leben?
Was sagt er?
Was sagt er?
So hört ihn euch doch an. Nun:

Er kennt die Not
und er kennt das Graun,
doch die Armen sollen
auf Gott vertraun
und auf Jesum baun
jawoll.

Wer sündigt, wird in der Hölle kohlen,
und wer fromm tut,
darf sich eine Unterstützung holen.
Ja von wem denn?
Ja von wem denn?
Von Seiner Heiligkeit dem Papst?
Neeeeee ...

Denn Gottes Sohn
gibt nur Himmelslohn
mittels Seligkeit
für die Ewigkeit
gegen Hungern tut
auch das Beten gut
und die Erdennot
endet ja der Tod.

So spricht ins goldne Mikrophon
des lieben Gottes Enkelsohn,
Seine Heiligkeit
Seine Heiligkeit
Seine Heiligkeit
der Papst.

Und es freuen sich in allen Zonen
seiner Botschaft die,
die die Erde bewohnen,
besonders die dreißig Millionen
Arbeitslosen.

Nun wissen sie:
der Hunger vergeht,
spricht man ein kleines Stoßgebet:
Du lieber Gott,
end unsre Not
mit einem seligen Hungertod,
laß uns in deinen
Himmel ein.
Wir werden auch damit
zufrieden sein.

Achtung:
statt Arbeit und Brot ein Gebet?
Merkste was, Prolet??

Songs aus
Ein Mensch ist zu verkaufen

Wenn das Brot auf dem Tisch ist,
fragt die Liebe nicht nach Brot.
Deine Hand langt danach
und du ißt es.
Wenn das Wasser auf dem Tisch ist,
trinkst du's oder trinkst du's nicht,
wenn das Brot auf dem Tisch ist,
ißt du's oder ißt du's nicht,
denn es ist ja beides da
und du vergißt es!

Denn es kommt immer anders als du glaubst,
heut fühlst du dich noch sicher und geborgen,
heut bist du du, wer aber bist du morgen?
Es kommt ein Sturm und du fällst und zerstaubst!

Das Leben, wie du es erträumst, erstrebst,
vom Haß entwölkt, ein Leben ohne Sorgen.
Heut ist es schön, doch häßlich ist es morgen!
Du wirst zum Tier, weil das Tier du erlebst!

Wer selbst nicht schlägt, den wird ein andrer schlagen,
wer duldet, duldet ohne Aufenthalt.
Kämpfst du mit Güte gegen die Gewalt,
bereite dich, die Rohheit zu ertragen.

Wenn das die vielgerühmte Freiheit ist,
als Mensch, so wie ein Vogel frei zu sein,
dann geh zum nächsten Kerkermeister hin
und sag: »Ich bitt euch schön, Herr, sperrt mich ein!
Ich hab die sogenannte Freiheit über,
da ist mir eure Gitterzelle lieber!

Ich bin so frei, nicht mehr im freien Park zu schlafen,
was gut dem Vogel tut, tut mir noch lang nicht gut!
Und eure Freiheit ist die ärgste aller Strafen,
seid doch so vogelfrei wie wir und spürt wie's tut!
Wir bitten euch, ihr Herrn, so frei zu sein
und sperrt euch selbst für eure Freiheitsphrasen ein!«

Ein Hund hat's gut,
ach was man doch für einen Hund nicht alles tut,
er hat ein Bett
und hat im Napf sein Fressen stehn.
Wer aber kümmert
sich um uns,
wir stehn und hungern uns zu Tod
und müssen langsam vor die Hunde gehn:
Warum kaufen sich die Menschen nur Hunde?
Warum nicht mich, ich bin doch schließlich zimmerrein,
ich mein, ein Mensch kann auch ganz gut ein Haustier sein.

Ein Mann wie ich,
den dieses Hundeleben so zertreten hat,
was ist dabei,
ich bin ja längst schon auf dem Hund.
Die Fetzen hängen
mir vom Leib,
der Magen schläft vom Hunger matt,
wer ist bereit
und füttert einen Dürren rund?
Warum kaufen sich die Leute nur Hunde?
Warum nicht mich, ich bin doch schließlich zimmerrein,
ich richte keine Teppiche zugrunde.
Ich mein, ein Mensch kann auch ganz gut ein Haustier sein.

Kommen Sie und kaufen Sie, solang der Vorrat reicht.
Schauen Sie, was das Genie des Menschen schon erreicht.
Preiswert, billig, Okkasion,
der höchste Höhepunkt der Saison,
kaufen Sie uns, wir stehen bereit,
wer Menschen kauft, geht mit der Zeit!
Wer ist ein Mensch? Was ist ein Mensch?
Das willigste Säugetier ist ein Mensch!
Kaufen Sie uns, wir stehen bereit,
wer Menschen kauft, geht mit der Zeit!
Sie kaufen Autos und andren Plunder,
der Mensch ist ein viel größres Wunder!
Wer ist ein Mensch? Was ist ein Mensch?
Das billigste Säugetier ist ein Mensch!
Gescheit und im Verbrauch nicht teuer,
ist, was er leistet, ungeheuer!
Und klüger als ein Automat,
indem er eine Seele hat!
Wer ist ein Mensch? Was ist ein Mensch?
Das fähigste Säugetier ist der Mensch!
Sie fallen der Krise in den Rachen,
indem Sie sich selber Freude machen.
So macht die Zeit erfinderisch:
Ein Mensch auf jeden Gabentisch!
Ein Mensch, der für Sie denkt und front,
ein Einkauf, der sich jedem lohnt!
Ein Mensch, der macht das Leben leicht!
Verkauf: solang der Vorrat reicht!

Willst du das Licht ins Dunkel der Stirnen tragen,
übertreibe die Wahrheit, dann wirst du die Wahrheit sagen.
Triffst du die Guten mitunter,
schlägst du nach den Gemeinen!
Halte nicht ein!
Denk: Es muß so sein!
Scheue dich nicht, den Gerechten ungerecht zu erscheinen!

1936

Du hast ja ein Ziel vor den Augen

Du hast ja ein Ziel vor den Augen,
damit du in der Welt dich nicht irrst,
damit du weißt, was du machen sollst,
damit du einmal besser leben wirst.
Denn die Welt braucht dich genau wie du sie,
die Welt kann ohne dich nicht sein.
Das Leben ist eine schöne Melodie,
Kamerad, Kamerad, stimme ein!
    Allen die Welt und jedem die Sonne,
    fröhliche Herzen, strahlender Blick.
    Fassen die Hände Hammer und Spaten,
    wir sind Soldaten, Kämpfer fürs Glück.

Und hast du dich einmal entschlossen,
dann darfst du nicht mehr rückwärts gehn,
dann mußt du deinen Genossen
als Fahne vor dem Herzen stehn.
Denn sie brauchen dich genau wie du sie,
du bist Quelle und sie schöpfen aus dir Kraft.
Darum geh voran und erquicke sie,
Kamerad, dann wird's geschafft.
    Allen die Welt und jedem die Sonne,
    fröhliche Herzen, strahlender Blick.
    Fassen die Hände Hammer und Spaten,
    wir sind Soldaten, Kämpfer fürs Glück.

1937

Schön ist die Welt

Schön ist die Welt und ich hab sie gesehn,
bin auf Meeren gefahren, hab die Städte belauscht,
wie der Sommerregen aufs Pflaster rauscht,
wie der Wintersturm in die Dächer fährt
und die Wüste, wenn sie der Sandsturm kehrt,
und die Welt ist schön und ich hab sie gesehn,
wenn die Menschen schlafen und wenn sie wachen
und wie sie weinen und wie sie lachen
und wie sie am Morgen zur Arbeit gehn
und am Abend ausgelaugt niederbrechen
und Dummheiten reden und lachen und weinen
und leben, oder zu leben meinen, —
und wie sie erwachen, um sich zu rächen,
und wie sie wieder niederbrechen,
ins Knie gezwungen von leeren Versprechen,
und wie sie sich mühsam wieder erheben
und zögernd einander die Hände geben
und hart werden wie der härtste Granit
und gehn und die Zähne zusammenpressen
und nicht mehr ruhn, bis über den Essen
sich mit den Flammen die Fahnen vereinen,
die blutroten, flammenden Fahnen im Reinen.

1952

Marx

Jahrhunderte vor uns haben wie Bettler
an die Türen des Daseins geklopft.
Mit Scheidemünzen abgespeist, zogen sie
Zeitalter lang mit hängenden Schultern
und gefalteten Händen.
In den Nächten hockten sie hinter den
Brückenpfeilern der heimatlosen Flüsse,
der verlassenen Städte stinkender Absud,
die Bettelbrut der Gedemütigten.
Wehe, wenn sie kein Dach über dem Kopf hatten
und es kamen die Regen.
In ihrem Elend faulten sie mit dem Stroh,
auf dem sie lagen.

Aber hinter den Türen ... was war denn hinter den Türen?
Und über den Dächern? ... War nur der Regen über den Dächern
und der heulende Wind? ...

Erst ist der Mensch! Und ungeheuer
wächst einem einsamen Leser die Schöpfungsgeschichte,
und wie ein Taucher sucht er die Tiefen ab,
unerschrocken, das pochende Herz in den Händen —
Schritt für Schritt, so geht er am Grunde
und immer hin in der Richtung zum Ursprung der Dinge,
furchtlos den Ungeheuern die Stirne bietend,
seine eisklare Stirne erfüllt von dem einen Gedanken:
diese Welt zu verändern!

O ungeheures Beginnen! Folg ihm
und folg ihm in diese vollkommene Einsamkeit
des Ersten, in die zergrübelten Tage
und in die schlaflosen Nächte des Denkens —
ihm scheint die Sonne nicht und die Sterne
sind unerreichbar; ihm sind nur die jagenden Wolken,
die Jahreszeiten der Schmerzen vertraut —
er kennt sie von Kind auf
(sein Haar wird bleichen,
sie werden ihn immer begleiten).

Gegen den Schmerz! Gegen die Dummheit!
Der da die Tiefen durchmißt,
kühl bis ans Herz, kennt das Abenteuer
und den Rausch des Entdeckens.
Doch nicht nachtwandelnd geht er die Wege,
die es erst gibt, seitdem er sie geht,
die verschlungenen Wege. Folg ihm,
ihm, dessen Haupt nie in den Tiefen verschwindet,
ihm, dessen Haupt nie in den Wolken verschwindet,
nicht nachtwandelnd geht er,
sein Kommen scheucht Wunder
und wo sein Blick hinfällt,
dort stirbt das Geheimnis.

Wann je ging eines Menschen Fuß so über die Erde?

1950

LEBENSLIED

Vor dem Spiegel spielte ich mit Masken

Vor dem Spiegel spielte ich mit Masken
und der Spiegel spiegelte Grimassen
und der Morgen sah in meine blassen
Züge und ich spürte wie mich fror.

Und ich war so schal wie alle Tage
und ich fühlte, wie ich mich verlor.

O ich wollte mich ja nicht verlieren
und mein Maskenspielen war kein Spiel.
Und die Sonne, die mit zarter Röte
schimmernd durch die Morgenschleier fiel,
fand mich hart und ihrer Macht verschlossen.

Und ich stand im Zimmer und ich fror
vor dem Spiegel und dem Spiegelspiel
und ich spürte, wie ich mich verlor.

Und die Masken blickten totentschlossen
mich mit ihren Larvenblicken an.
Und ich fand den Mut nicht, sie zu töten,
und ich stand in hilflosen Gebeten
vor dem Tag, der schon sein Messer zückte.

Und mein Spiegelbild fuhr nach den Schläfen
und es krallte wild sich in mein Haar,
und die Fratze meines Lebens schaute
mir ins Herz, das kühle Asche war.

Und manchmal ein Tor und nistende Schwalben

Und manchmal ein Tor und nistende Schwalben
und Gottes Himmel in endlosem Schwung
und Lust, das Leid in mir selbst zu suchen,
und hilflos bereit zur Opferung.

Und nichts, das mich nahm. Kein Wort, das mich suchte!
Immer der Wartende, der sich nicht fand.
Und eine Umwelt, die nicht verstand,
und ein Spielen mit Feuer und klingenden Dingen
und rauschenden Klängen und Schmetterlingen
und Bildern und Ikarusflügen.

Aber die Jahre in Flittern, die Maskenzüge
rauschten vorbei und auf ihren geschminkten
Fratzen die Lüge ...

Jazz!! Exotische Träumer! Haschischraucher auf Saxophonen!
Ob dort die Hütten der Glücklichen sind?
Elfenbein-Jachten liegen im Hafen.
Segel über blitzenden Meeren
und die rudernden Negersklaven.
In Urwaldmatten ruhen und lauschen
auf Vogelflug und auf Palmenrauschen ...
Und Bilder: löste sich nicht der Eine, Rimbaud,
und ging sein trunkenes Schiff zu versuchen?
O endlich frei sein und ebenso:
mit einem Herzen von Süße und Bitterkeit
im Rücken der Welt die Segel hissen
und nur mehr der Seele gehorchen müssen,
dem tragenden Sturm!

O sich vom Marmortisch wegzulösen,
wie der Rauch und der zitternde Banjoklang
von den Wänden,
und mit Goldsucherhänden
in Abessinien nach Antwort schürfen!
Nicht *kleben* zu müssen! Fliegen zu dürfen!
Und sei's, um den Tod zu finden in Klüften und Schründen!
Nur nicht suchen müssen!
Nur finden! Nur finden!

Bückt euch und ängstet nicht

Bückt euch und ängstet nicht,
daß wir euch hindern wollen!
Sammelt die Garben, —
aber die *vollen*!

Laßt die leeren!
Schreitet über die tauben hin!
Die blind verehren,
verkleinern, berauben ihn!

Seht, wieviel Götter
fallen und stauben hin:
Götzen und Fetisch!
Schmäht sein Gedicht nicht!
Faßt es mit rauher Hand!
Seht: es zerbricht nicht!
Tut es vom Teetisch!

Laßt es sich läutern gehn
von seinen Schminken!
Rose wird bauernschön,
schöner euch dünken!

Fangt nicht beim Taxus an,
denn ihr *kriecht* hin!
Bückt euch zum Thymian,
pflückt ihn und riecht ihn!

Habt für das Wahre Sinn!
Nicht für die Ware!
Und ihr schaut anders hin
zum Altare!

Château de Muzot-sur-Sierre

Daß es ihn gibt! Und daß Château Muzot
auf Erden ist und nicht in andern Reichen!
Pack deine Tasche und sei wieder froh!
Reis hin zu ihm und bitt ihn um ein Zeichen.
Zwar bist du namenlos und nicht Paul Valéry ...
doch so ein Mann ist oft voll Bonhomie.

Und sieh: schon fährst du, rauschst du, fliegst ihm zu!
Von tausend Taumeln ist dein Herz benommen.
Und eines Tages bist du angekommen
und nüchterst dich und fragst: wer bist denn Du,
daß du es wagst, du Nichts, was fällt dir ein?
Na paß nur auf — er läßt dich nicht herein!

Der kleine Bahnhof und ein weiter Weg.
Der Wagen rollt mit Poltern und Geratter.
Er hält. Die Burg! Da stehst du schon am Gatter!
Wagst du es wirklich, Niemand? Überleg!
Bist du dir klar, was dein Entschluß bedeutet?
Noch ist es Zeit, noch hast du nicht geläutet!

Da siehst du ihn. Er hat ein Taschentuch
zum Schutz vor Sonne um den Kopf gebunden.
Er kommt und fragt, wie du zu ihm gefunden
und lädt dich Namenlosen zu Besuch.
Du hörst dein Herz in deinen Ohren tosen.
Du trittst ins Haus durch ein Spalier von Rosen.

O Dämmerung ... O die verfluchten Schuhe!
Die Diele knarrt ... Mein Gott, was soll ich sagen ...?
Lavendelduft ... Ich Dummkopf! Das zu wagen ...!!
Die hohen Stühle und die schwere Truhe,
der Bauernofen und die dicken Mauern ...
... »Mein alter Turm ... Hier läßt sich's überdauern!«

Ein Sesselrücken und ein Niedersitzen.
Und dann die Stimme, die sehr lange spricht.
Die Augen viel zu groß für ein Gesicht
und die kalmückenhaften Schnurrbartspitzen ...
Die Handschuhhand streicht ständig sich das Kinn ...
und leise Worte voller fremdem Sinn ...

O zu verstehn! O etwas mitzunehmen!
Ein einzig Wort! Ich bin ja viel zu jung!
O stünd die Stund'! O so in Anbetung
ein Leben lang vor ihm dahinzuströmen
und seines Zauberworts gewiß zu sein!
Du bist bei IHM und bist mit IHM allein!

O zu verstehn! Die Stimme spricht und spricht
in einem fort, als fände sie kein Ende,
und alles spricht, das Kinn, die Handschuhhände,
die spitzen Brauen in dem Traumgesicht.
Doch dann ein Lächeln und ein Liderschlag:
»Sie schreiben Verse? ... Hm ... Sie sind aus Prag ...«

O wie zu stammeln! Daß ich's nie gewagt ...
nie wagen würde! Daß ich meine Lieder ...
Die Stimme wartet nicht. Sie spricht schon wieder,
freundlich und leis, doch was man immer sagt,
wenn junge Dichter an die Türe pochen:
»Ich komme nicht dazu ... seit vielen Wochen

türmt sich die Post. Ich finde nicht einmal
die Kraft in mir, die Briefe aufzumachen.
Ich müßte meine Kraft vertausendfachen
für diese Manuskripte ohne Zahl.
Auch bin ich krank. Es wird ja nicht so bleiben ...
Ich säh es gern, wenn Sie mir einmal schreiben ...

im Herbst vielleicht ... ich will Sie nicht vergessen ...
Kein Wort von Störung ... denn ich sah Sie gern ...
ich lebe hier ein bißchen menschenfern ...
da ist ein Plauderstündchen angemessen ...
Ihr Name noch ... ei schön ... nun guten Tag
und Reiseglück ins alte liebe Prag ...«

... ins alte liebe Prag ... O Gott gib Kraft
durch diese Rosenflut ins Tal zu stürzen!
Noch einmal tauchen aus den Wermutwürzen
so traummißratner Kinderpilgerschaft!

... Da taumelt er durch ein Spalier von Rosen,
der Namenlose zu den Namenlosen ...

1926

Sommer 1939

Der Sommer kann noch nie so schön
gewesen sein wie dieses Jahr.
Wenn ich mich an die Mauer lehn,
kann ich ihn durch die Stäbe sehn,
so sonnenklar, so wunderbar.

Die Amsel ruft von früh bis spät
und Rosen blühen dort am Strauch
und eine Wiese wird gemäht ...
der Duft von Heu kommt angeweht,
von Korn und Feldmohn auch ...

Jetzt möcht ich mit der Liebsten gehn
wie damals, als es Sommer war ...
wenn ich mich an die Mauer lehn,
kann ich ihn durch die Stäbe sehn ...
der Sommer kann noch nie so schön
gewesen sein wie dieses Jahr.

Einzelhaft

Meint ihr den Schrecken, sagt ihr: Einzelhaft!
Der Mensch allein und um ihn nur vier Wände.
Ach, wüßtet ihr, wieviel Millionen Brände
in ihnen lodern, wieviel Leidenschaft!

Vier schmale Wände hören meine Lieder
und werden, geh ich innerlichst befreit
die enge Zelle singend auf und nieder,
so überwunden und so weltenweit.

Kein Stein, kein Stahl kann meine Stimme dämpfen!
Die Mauer trägt die Welt zu mir herein.
Ich weiß, daß draußen meine Brüder kämpfen!
Noch niemals war ich weniger allein!

1939

Das Nußbaumblatt

Heut hat der Wind ein welkes Nußbaumblatt
in unsern schmalen, kalten Hof getragen,
der nichts als eine hohe Mauer hat.

Da haben wir die Hände ausgestreckt
danach, die schweigend wir den Hof durchschritten;
was so ein Blatt für Sommerwünsche weckt.

Und einer fing's in seiner hohlen Hand
und hielt es zart und zärtlich an die Wange,
ein Nußbaumblatt, von Juliglut verbrannt;

und reicht es dem, der hinter ihm ging stumm ...
der küßte es, und so im Weitergange
ging es, ein welkes Blatt, geküßt reihum.

1939

Scherzo maritime

O schwerer Fang,
o Zeit der fetten Fische,
das Netz zerreißt
und die das Meer verschlang,
sind abends bei den Hungrigen zu Tische,
in ihren Haaren
Muscheln, Kalk und Tang.

Sie reißen sich
die Bissen aus dem Munde,
die vollen Gläser
geben keinen Klang,
es zecht der Tod allein am Meeresgrunde
mit Zechkumpanen,
die das Meer verschlang.

Und Schatten geistern
an den Uferrändern,
und tote Fische
frißt der Dünensand,
und abends trägt
den Duft von fernen Ländern
der ambraduftende
Passat ans Land.

Von Poltergeistern
raunt es in den Katen,
Peer Gynt streicht ruhlos
durch den Abendraum,
und drohend ziehn
die Schiffe der Piraten
ums Kap der Knaben
in den Männertraum.

1939

Im Park von Monza

1

In meiner Heimat glühen jetzt die Wälder
im Abschied auf. Der Sommer schlief hinüber
und auch der Herbst ist müd. Ein leises Zittern
verrät es, wenn du mit den Fingern
ganz zart die schlanken Birkenstämme anfühlst,
wenn sich die Buchen schließen, wenn die Eichen
so seltsam lächelnd auf den Boden starren,
so allen Hochmuts bar, mit dem sie bisher
den Winden trotzten und dem Sommerhagel.

In meiner Heimat heben jetzt am Morgen
sich Nebel von der Moldau und sie spielen
Verstecken mit den vielen hundert Türmen
der alten Stadt und mit der späten Sonne
und mit den Farben des Laurenzibergs.
Und die sind tief. Sie flackern und sie flimmern,
vom Herbst entzündet, bunte Lampions,
ein wenig Wärme noch, damit der Abschied
nicht gar zu schwerfällt, nicht von heut auf morgen.

In meiner Heimat rauschen jetzt die Brunnen
ganz abendlich in ihren schmalen Becken
und trinken Sterne, die von früher Neige
herniedertropfen wie ein Silberregen.

In meiner Heimat treiben jetzt die Blätter ...

2

... So träum ich einen langen Nachmittag
endlose Wege weit durch einen alten Park,
in dem der Sommer noch auf Taxushecken,
auf Lorbeerbüschen schläft, auf Sonnenblumen — —
ein träger Sommer freilich, wie im Süden
der Sommer meistens träg ist. Übersättigt
von schweren Farben und von Wohlgerüchen,
ein guter Landmann, der nicht geizen muß
mit seiner Habe, der verschwenden darf
mit beiden Händen, ohne zu verschwenden,
weil seine Reiche endlos, seine Scheuern
sich immer wieder füllen — weil ein Segen,
ein sichtbar Bündnis, zwischen ihm geschlossen
und der Natur, auf seinem Hause ruht.

Umsummt von Bienen, die auf Blüten schaukeln,
wellt sich am Rasenrand in langen Streifen
der Klee, sind wilde Wickenbeete
wie Wasserfarbenkleckse in die Wiesen
hineingefleckt, umklettern Farne
zerbröckelnd Mauerwerk mit ihren langen,
zum Teil schon angegilbten Fingerspitzen.
An dünnen Wasserläufen, die sich trüb
durch lehm'ge Betten schläfrig schlängelnd schwemmen,
schnacken die Frösche, schnappen nach den Fliegen
und ärgern sich, wenn sie die Schmetterlinge
mit ihren Flügeln an den Nasen streifen.

3

Wenn einem nur das Herz nicht gar so schwer,
so kaum zu tragen wär! Wenn man
sich einmal gehen lassen könnte — ach —
wenn man das sture Lächeln, das man immerfort
auf seinen Lippen trägt, erlösen dürfte
und sei's in Tränen; nur nicht lächeln mehr!
Weil man nicht Stein ist, weil es weh tut, weil
man doch nicht immer Beispiel sein kann,
wenn die Zeit auch zur Entscheidung drängt
und Beispiele verlangt
und uns mit Recht zum Beispiel aussersieht.

Und es ist wahr: mein Gott, wie soll die Kraft
zur großen Wende blühen, wenn wir sie
mit unsrem Lächeln nicht erwärmten? Sei's
ein steinernes — so ist's ein Lächeln doch!

Es ist ein Grauen, auserwählt zu sein,
verdammt zu sein, zu lächeln und zu leuchten,
wenn sich die Leichen türmen, wenn die Gräber
sich nicht mehr schließen wollen, wenn man
den tausend Zangen Schmerz und Feuereisen
die Brust hinhält, die tausendmal zerfleischte,
wenn ausgesetzt dem brüllenden Entsetzen,
die Ohren sich der Taubheit wehren müssen,
nicht taub zu werden! Wenn die Sinne
unbändig rasend selbst nach Bändigern schrein!

O übermenschlich ist's, ein Mensch zu sein
in dieser Zeit!

4

Es zaust der Würger Wind in den Kastanien,
schreckt dürre Blätter wirbelnd auf den Weg.
Kies ist wie Staub. So ist auch dieser Sommer
nur Trug? Wer rief ihn an? Woher die Stimme?
Eiswüstenlied der Winterkarawanen — —

Das ist's: daß unsereiner nicht gemacht ist,
in fremden Gärten fremd umherzugehen,
auch wenn sie schön sind. Eine Kühle
weht plötzlich her aus unbekannten Zonen
und läßt uns schauern. Was wir von der Fremde
einst träumten — — alle die geliebten Dinge — —
was blieb, ist Kälte.
Pinien werfen Schatten. Reisfelder starren Staub,
Efeu Verwesung, und Vögeln schrein.
So haben wir dem Süden
uns nicht geschenkt, als wir an ihm entflammten.

Freilich, wir kamen aus der sichern Heimat
und hin zur Heimat führten unsre Schritte.
Wir brauchten nur die Lippen öffnen, hingen
uns süße reife Trauben in den Mund.
Zwar sind wir ausgerissen aus dem Erdreich,
doch unsre Wurzeln blieben, sind daheim,
dem dunklen Schoß des Bodens, der uns trug, verhaftet.
Und sichtbar spinnen Fäden sich, sind Brücken
gespannt von dort zu hier. Wo wir auch weilen,
ziehen uns Wurzelarme in das ewig
holde Geheimnis der geliebten Herkunft.

5

O nicht der Klagen unsres Herzens! Unsrer Demut
sollten wir endlich müde sein! — Wir haben
sie lang getragen, so wie manche
Bußhemden tragen und in sie verliebt sind,
so sehr verliebt, daß sie sie nicht mehr
ablegen wollen — (vielleicht auch, weil Demut
schön kleidet und im Banne der Askese
die Schmerzen sanfter werden, ferner, stiller) —
Weil man sie leichter trägt. Weil sie von Mächten
geschickt uns scheinen, gegen die man
sich nicht auflehnen braucht,
die über uns bestimmen.

Wir sind zu schnell bereit, die Stirn zu neigen
vor Dingen, die uns unergründlich scheinen
und die wir nehmen, ohne ihrer Herkunft
zu folgen. Noch ist Überlieferung,
sind Kinderglaube, Ammenlied uns Zeiger,
Wegweiser, ach, in immer neue Irre!

Wie ist es schwer, sich selbst zu überwinden
und abzustreifen, was an Traumesfesseln
die Träume lähmt, der Zeit vorauszufliegen!
Vielleicht, daß wir noch tiefer leiden sollen.
Doch nimmer sei es um der Demut willen,
daß wir die Hände falten!
Wenn wir beten, sei es um Waffen,
sei es um die Stärke,
das Schwert zu tragen, sei es um die Gnade,
die Stirn zu heben wider die Gewalten!

6

Im Park von Monza riecht der Wald manchmal
ganz wie bei uns daheim nach Wald. Nun ist
ein ganzes Rudel Rehe plötzlich aus
dem Stämmedickicht aufgetaucht. Es äugt
die Rehgeiß rings herum, ängstlich verschreckt,
wittert Gefahr und jagt mit schrillem Ruf
die Jungen vor sich her und jagt vorbei.
Von fernher flattert Kinderlachen auf.

O tiefstes Gleichnis schwerer Nachbarschaft
von Kind und Reh, von reiner Seligkeit
und banger Unrast, Angst der Kreatur.

Da ist ein Himmel über uns gespannt
von einer Anmut, die uns tanzen macht.
Da ist Musik in Farben, blauer Dunst,
ist Zärtlichkeit verschwendet, eine Flut!
Ist Duft, ist Vogellied, ist Schmetterling!
Ist Wiese, sommerbrodemüberdampft!

O zögre nicht! Breite die Arme aus!
Fall hin! Versink! Schwing mit! Sei Melodie!
Tanz! Juble! Wiege dich! Blüh! Brenn! Vergeh!
Und segle mit den Schwalben durch die Luft,
ätherisch selbst, ein Hauch, ein Flügelschlag!
Sei Kind bei Kind! Schmetterling! Reh bei Reh!

O Fest des Lebens! Wenn auch Lust und Angst
hart aneinander wohnen! Wie ein Rauch
wird deine Angst verfliegen! Deine Lust
wird einmal groß sein, ganz und königlich!
Zerbrich die Krücken deiner Trauer! Sieh:
Schatten ist Schein! Steh auf und wandle du!

Nichts ist verloren! Nirgends ist Ergebung!
Auflehnung ist im Saatkorn, das die Hülle
zersprengt und aus der Erde drängt! Im Fluge
des Vogels, der die Schwere überwindet!
Im Sprung des Rehs! Im Schrei des Neugebornen!
Ist immer! Überall! Ist Überwindung!

Wie soll dein Herz zuschanden werden, da
es sich zur festlich frohen Stunde schmückt
mit jedem Schlag? Wie soll sich Eis
um deine Seele legen, da ihr Licht
wärmend fortleuchtet durch die Finsternis?

O geh durch diesen Park, durch diesen Herbst
und geh getrost, denn du verlierst dich nie!
Laß dich vom Wind umbrausen! Laß dein Herz
beruhigt fliegen, wenn es an ein Blatt
sich voller Sehnsucht klammert und im Meer
der hingestorbnen Blätter landet. Wer
sollte denn weinen dürfen, wenn nicht du,
dem schon das Lächeln auf den Lippen blüht?

1939

Herbstlied im Kriege

Wirst mein Herz du je begreifen,
wo das Blut in Strömen rinnt,
daß daheim jetzt Äpfel reifen,
Wälder bunt in Farben sind?

Daß aus grauen Sandsteinbecken
schlank sich die Fontäne hebt?
Daß auf Heiderosenhecken
letzter Sommerfaden webt?

Daß im Gräberfeld des Ghettos
jetzt die Herbstzeitlosen blühn
und im Kreuzgang Sankt Lorettos
die barocknen Engel knien?

Daß im Flügelschlag der Tauben
Schwarm zu Hussens Fuß sich drängt?
Daß sich in der Altstadt Lauben
noch ein Liebesflüstern fängt?

Daß ein Abendsonnengluten
um die Prager Brücken spielt?
Jetzt, wo meine Brüder bluten
auf der Erde sturmzerwühlt?

Daß jetzt meine Brüder sterben,
wo sie schon ein Frührot streift?
Jetzt, wo sich die Wälder färben
und daheim der Apfel reift?

1944

Vogelzug

Mit Gezwitscher und Flügelschlagen
kommen die Vögelzüge geflogen,
von der trügrischen Sonne gezogen,
suchen nach Nestern vom letzten Jahr.

Wie sie nach herbstlichen Regentagen
ihre Leiber trocknen und wärmen,
wolkengleich über Dächern schwärmen,
reisetrunkene Flüchtlingsschar ...

Oh, ihr kreisenden, dunklen Gefährten,
werdet ihr eure Stätten finden
unversehrt von den Wüstenwinden?

Werdet ihr irren und es nicht fassen,
daß sie euch eure Nester zerstörten,
daß sie die bettelnden Unbegehrten,
euch und uns, nicht nisten lassen?

1944

Ein Judenlied

Oft denk ich, wenn ich wache
die ganze lange Nacht,
mein Herz ist nicht zur Rache
und nicht zum Haß gemacht.

Wie hat's in frühren Tagen
vor Freude und vor Glück
geschlagen und geschlagen
in jedem Augenblick.

Mit einer Handbewegung
scheucht ich den Fiebertraum.
Für eine Menschenregung
war Platz in jedem Raum.

Wie mußte es erst lernen
zu glauben, was geschah —
mein Herz, das sich den Sternen
verband so brudernah!

Mein Herz, das sich den Brüdern
verband so sternenklar
und das in seinen Liedern
nur eins von allen war.

Wie schlägt es jetzt beklommen,
als ob es stummen sollt,
wo doch der Tag gekommen,
so strahlend und so hold!

Ließ sich von allen Seuchen,
die einst die Welt verheert,
die eine nicht verscheuchen,
daß sie noch immer schwärt?

O keine stolzen Sprüche
von Judenleid und Weh!
Nur Flüche und nur Flüche
dem Mitleid, das ich seh!

Die Scham, als ob sie büßte
für Trägheit, die sie band,
macht liebevoll die Wüste
zum Juden-Vaterland!

Daß neuer Haß verzehre,
was noch gerettet schien,
erschafft man die Chimäre
und »läßt die Ärmsten ziehn«.

Statt sie vom Tod zu wecken
zu beßrem Auferstehn,
mag Schrecken über Schrecken
durch ihre Schläfen gehn.

Man singt, sie auszusperren
vom Mitgenuß der Zeit,
ein Schelmenlied vom HERREN
in ihre Bitterkeit.

Sie mögen sich berauschen
an solcher Phantasie.
Wie sollten sie nicht tauschen
den Jammer für Magie?

Nach all den blut'gen Qualen,
wie sollten sie nicht gehn
an Schwächren heimzuzahlen,
was ihnen bös geschehn?

Wer forscht nach seinem Frommen,
der heil dem Gas entrann?
Er fühlt den Tag gekommen,
den seine Rache sann.

Er hört die Schelmensprüche
und rüstet sich zum Ziehn.
Ach welche neuen Flüche
schweren die Sohlen ihn?

Er geht; es schlägt die Blindheit
ihn in ihr schwarzes Tuch.
Las er die schönre Kindheit
nicht längst im Heil'gen Buch?

Zerflattern nicht die Raben?
Trägt nicht ein junger Wind
schon Blütenruch der Waben,
die braun und lockend sind?

Er sieht durch Freudezähren
die Schnitter jung und gut
und wie verlorne Ähren
aufliest die Magd, die Ruth.

Und geht mit eil'germ Schritte
durch seine Träume hin.
Die Weide und die Hütte,
sie warten ja auf ihn.

Jahrhundert um Jahrhundert
geprügelt und gebückt,
ist er gar nicht verwundert,
weil ihn sein Bündel drückt.

So zieht er Meil um Meile
das Schelmenlied im Ohr:
noch eine kleine Weile,
dann öffnet sich das Tor.

Ahasvers Enkel

Der Staub der Städte ist an seinen Schuhn,
der Glanz der Lichter ist in ihn gegangen,
in seinen Haaren ist der Ruch von Tang.
Oft überströmt's ihn, wieder anzufangen
und es den Wandertollen gleich zu tun,
die ruhlos weiter müssen, lebenslang.

Sein Durst nach Ferne quält ihn Tag und Nacht,
er hat kein Haus und wohnt in keinem Haus,
Ahasvers Enkel, bündelt er sein Los
und zieht die Straßen in die Welt hinaus.
Die Brunnen rauschen und die Sterne gehn
groß durch sein Blut, das heiße Wellen schlägt ...

Die Ouvertüre

Da ist kein Baum, kein Hälmchen Gras,
kein Körnchen Staub, das ich vergaß,
nicht Blüte und nicht Keim.
Die Straßen, die im Traum ich seh,
die Wege, die ich wachend geh,
sie führen alle heim.

Wie oft erklang mir im Exil
nicht Papagenos Glockenspiel!
Gleich war ich wieder froh!
Nie hab ich meine Zeit beklagt.
Ich weiß, daß er sein Tänzchen wagt,
der muntre Figaro!

Wenn er die Träne auch verbirgt,
das Schluchzen, das die Brust ihm würgt
in dieser Schmerzenszeit:
er tanzt sein Menuett im Takt
und tanzt es bis zum letzten Akt
voller Verbissenheit.

Und tanzt sie alle in den Sand!
Der Schurke fällt, der Intrigant!
Wie führt er sein Rapier!
Mein Herz, hör doch zu toben auf!
Was ist das für ein Geigenlauf?
Ist's schon die Ouvertür'?

1943

Den Mitmenschen
Als die Nachricht von der Ermordung der Nächsten
nach Jerusalem zu uns kam

Trag nur wer kann sein Herz auf die Straße!
Wen es erleichtert, der tob und verfluch!
Nur keine Tröstung wie aus einem Buch!
Nur keinen Balsam aus schleimiger Masse.

Das, was geschah nach menschlichen Launen,
läßt sich nicht fassen mit Wort und mit Spruch.
Laßt es uns unterm Leichentuch.
Laßt uns leiden und laßt uns staunen!

Treten wir aber durch eure Tür,
laßt das Geschehne geschehen sein
und mißdeutet in uns keine Mahnung.

Laßt uns glauben, ihr könnt nichts dafür.
Die Vergangenheit ist in uns Stein.
Laßt uns der Zukunft tröstliche Ahnung!

1945

Abendgang
*Am Vorabend der Befreiung Warschaus
durch die Rote Armee*

Ich geh dahin. Es dämmert schon im Tale.
Ich fühl, wie meine Seele wieder lebt,
und seh, als säh ich ihn zum ersten Male,
wie in des Abendhimmels blauer Schale
der Halbmond schwebt.

Leis zieht der Wind. Er macht die Bäume schwanken.
Die Berge Judas stehn jahrtausendfern.
Ich aber geh mit jungen Tag-Gedanken
und seh schon Morgen in dem silberblanken,
dem ersten Stern.

Wie ist mir still. Wie sich die Welt verschönte,
seit meine Träume nicht mehr todgeweiht.
Oh, wie das Grauen all die Jahre dehnte
und nun auf einmal diese traumgekrönte
ersehnte Zeit.

So hinzugehn und sie in mir zu wissen,
die auch mein Rufen nicht erwachen macht
und die den Tagappell verschlafen müssen ...
Oh, könntest du sie doch lebendig küssen,
Mitsommernacht ...

Und dennoch, dennoch! Welch ein Leben-Schenken
und selbst den Toten noch ein Frühlingskuß!
Im Abendgang ein Reiterbild zu denken,
wie jetzt Kosaken ihre Pferde tränken
im Weichselfluß ...

1945

Die Wende

O laß dich halten, eh du mir verblaßt,
Erinnerung aus überschweren Tagen!
Die Zeit rollt hin, hin rollt der Sonnenwagen
und immer leichter wird vergangne Last.

Wie blindeten die armen Augen fast
in jener Gruft der Jahre, kaum zu sagen!
Nun sollen sie das helle Licht ertragen!
O laß dich halten, eh du mir verblaßt!

Wie wird's nur sein, wenn wir durch Straßen gehn,
die wir im dumpfen Traume des Exils
durch Tränenschleier sehnsuchtsvoll gesehn?

O Hoffnungsglück! O Rausch genahten Ziels!
O tiefstes Ängsten höchsten Glücksgefühls!
Du wachst, mein Traum! Wir durften überstehn!

Stilleben mit Blut und Tränen

Flüchtig, mit ein paar Strichen,
und die Feder in Blut getaucht,
damit das Bild, das im Rauch zergeht,
ein wenig länger raucht.

Einmal war ein Tisch im Zimmer.
Fünf Menschen saßen daran.
Wie seltsam, daß ich mich kaum mehr
an den einen erinnern kann.

Der eine war ich doch selber.
Ist's am End' auch nur ein Traum?
Ströme kreisten rauschend
durch den gespenstischen Raum.

Das Zimmer war lang und die Wände
trugen verblichenes Blau.
Strümpfestopfend im Armstuhl
saß eine alte Frau.

Ein älterer Mann las Zeitung
und hörte nicht, wenn man sprach.
Eine ältere Frau in zerschlissenem Kleid
sah zerschlissene Wäsche nach.

Ein junger Mensch mit Locken
sprach von Geld und Kredit
und der fünfte, ich, saß stumm dabei
und zählte selbst nicht mit.

Und als die Uhr auf zehn stand,
erhoben sich alle schwer
und sagten einander gute Nacht
und kannten einander nicht mehr.

Dann ging ein jeder stumpf und dumpf
dem eignen Vergessen nach
und starrte nach dem grünen Mond,
der grün durchs Fenster brach.

Der eine, mit offenen Augen,
schaute hinüber zur Tür
und lauschte den trostlosen Atemzügen
der anderen vier.

Und wußte nicht zu deuten
ihr Tun, ihren Tag, ihren Gang,
ihr freudloses Gehen und Kommen
ein langes Leben lang.

Und nannte sie Eltern und Bruder
und war ihnen fern und nah,
der Fremdeste, der Nächste,
der sie wie Schatten sah ...

Sie gingen in einer Wolke
und konnten das Wetter nicht sehn
und waren zu stumpf und zu schwach und zu arm,
den Sturm zu überstehn.

Dem einen geschah ein Wunder.
Da ging er noch fremder dahin.
Nur manchmal war ihm, als ob ihn
eine Stimme zu rufen schien.

Er lauschte. Es war nur Täuschung.
Es war keine Stimme, die rief.
Es war ein alter Klang, der lang
in seinen Ängsten schlief.

Er suchte sie im Dunkeln.
Er traf sie oft im Traum.
Sie saßen schweigend um den Tisch
im alten blauen Raum.

Im Ofen kühlte die Asche.
Die Uhr schlug wieder zehn.
Sie aber ließen sie schlagen,
ohne aufzustehn.

Der Zeiger ging und sie blaßten.
Er rief, sie hörten ihn nicht.
Er wachte auf und suchte
sie noch im Dämmerlicht ...

Dann blieben sie auch aus den Träumen
fort und kamen nicht mehr
und doch war sein Herz nicht stumpfer
und böser als vorher.

Und doch war sein Mitleid nicht kleiner.
Er war derselbe wie je ...
Erst als der Winter zu Ende war,
da taute er mit dem Schnee ...

Heimkehr

War heut heimgekehrt,
eine Stunde lang,
Abendsonne fiel auf Hof und Haus.
Klopfte an die Tür.
Niemand öffnet mir ...
Und die Toten stehen nimmer auf.

Ziegel staubt im Gras,
Mörtel fällt vom Sims.
Ging der Hausherr fort in tiefe Nacht?
Vater, bist du hier?
Keiner öffnet mir ...
Kehr doch heim von jahrelanger Fahrt.

Geht das Fenster auf.
Eine fremde Frau
schaut verwundert auf den fremden Mann
in den Hof hinaus.
Bin der Sohn vom Haus,
der lang fort ist und nicht fort sein kann.

Doch die fremde Frau
kann mich nicht verstehn
und sie macht das Fenster wieder zu.
Und die Sonne fällt
langsam aus der Welt
in die andre Welt, vor der mich friert.

Mutter, bist du da?
Bruder, bist du da?
Drück am Knopf; die Glocke läutet nicht.
Kann nicht länger stehn.
Muß doch weitergehn,
in den kühlen Abendwind hinein.

Überm morschen Dach
steht der Abendstern
und im Springbrunn' spiegelt sich der Mond.
Worauf wartest du?
Mach das Tor schnell zu —
dunkles Tor, das ich nicht auftun konnt ...

Karlsbad 1946

Ein Lebenslied

Es schweben von den Bäumen
die Jahre mit den Blättern.
Der Regen fällt. In Pfützen
schwemmt sich der Herbst zu Tod.
Dann schlägt die Axt den Wald
und schneidet ihn zu Brettern
und sargt den Winter ein
nach ewigem Gebot.

Es klopft der Frühling an
mit Stürmen und mit Regen.
Der Bauer nimmt den Pflug,
die erste Lerche steigt.
Der Sommer kommt und geht,
eh wir's uns überlegen.
Der Herbst steht vor der Tür,
eh sich die Ähre neigt.

So reiht sich Jahr an Jahr,
wir altern, da wir zählen.
Der Reif Vergänglichkeit
drückt sich auf jede Stirn.
Und einmal kommt der Tag,
an dem wir uns empfehlen ...
Angeht ein ew'ges Licht,
daß wir uns nicht verirr'n.

Sorg nur ein jeder, daß
sich Öl im Lämpchen findet,
Hostie und Opferstock
sind nur für Pfaffen gut.
Das ew'ge Licht, es wird
nicht jedem angezündet.
Nicht jedem wird auch Ruh,
der da in Frieden ruht.

Daß erst die Dunkelheit
von dieser Erde weiche,
sind wir zu reiner Tat
im Leben hier bestellt.
Wir sagen Ewigkeit
und meinen nur das Gleiche,
das immer siegend steigt,
obgleich's der Schnitter fällt.

1957

DAS WUNDERBARE GESETZ

Aber die Erde

Eh man die Ähren nicht liebt und die Beeren,
den Teich in Sternen, die Wiese im Licht,
liebt man auch die Menschen nicht,
ihr Sonnesuchen und Aufbegehren.

Man tastet im Dunkel ihrer Gebärde.
Schmerz ist und Lust. Man staffelt Stufen
zur Jakobsleiter ... Aber die Erde?
Ist es nicht *sie*, wo die Vögel rufen?

Nach Mitternacht

Die Mitternacht ist vorübergegangen,
ich hab die zwölf Schläge der Uhr nicht gehört,
aber die Engel, die Gloria sangen,
die hab ich die Erde lobsingen gelehrt.

Ich saß beim Wein, es war wie vor Jahren,
wo ich, ein junger Dichter beim Wein,
den Sternen, den mir allein sichtbaren,
Verse schrieb, keusch, wie Elfenbein.

Aber ich bin älter geworden, es fallen die Nächte
bei Wein und Liedern nur selten noch,
längst bin ich nicht mehr der Dichter, der zechte
und sich im Rausch hinter Sterne verkroch.

Es spinnen sich weiße Fäden und weben
um meine Haare ein silbernes Netz,
ich nahm vom Leben, ich zahle mit Leben,
es ist ein wunderbares Gesetz,

und ich heb das Glas auf die dunkelbraunen
Haare meiner Tochter und meines Sohns
und freu mich, in ihnen mich selbst zu bestaunen,
mein Leben, die Qual seiner Lust, seiner Launen,
der Schmerzen würdig, unwürdig des Lohns!

Der neue Odysseus

Am Abend stieg der Wald in mein Gesicht,
schwebende Gondel des Monds. Aus tausend
Träumen und Ahnungen hob sich mein Herz
in ihre silberne Ferne.

Wohin? Um der Fahrten willen, des steten Entdeckens,
um der unersättlichen Neugier planlosen Suchens,
nimmer innezuhalten und hinzutreiben,
tatenarmer Odysseus ohne Ithaka — — —?

Und wär dies mein Schicksal auch
bis ans ruhmlose Ende, — ach, ich bin nicht müde,
den Sirenen zu lauschen und den
einäugigen Zyklopen Rede zu stehn.

Und auch ihnen wird in der steigenden Sonne
einmal das Herz erglühen und schmelzend
sich ein feuriger Lavastrom über den Abgrund
ergießen, das Böse versteinend.

Abend in der großen Stadt

Wenn der Abend durch die große Stadt geht,
ist's, als hielt ich eine Muschel an mein Ohr
und ich lausch dem Rauschen, das vom Meer weht,
und dem Mund des Sturms, der es beschwor.

Und ich stell mich an die Straßenecken,
wo das Licht der Bogenlampen tanzt,
um des Menschen Antlitz zu entdecken
und sein Schicksal, das ihm Runen stanzt.

Blaue Schatten schleichen an den Wänden,
abgekämpft, einander fremd gemacht;
doch die Liebenden gehn an den Händen
ohne Masken durch das Tor der Nacht.

1951

Selbstgespräch Toulouse-Lautrec

Du, die ich am Abend traf,
als ich durch die Straßen strollte,
eine Münze, die im Staub verrollte —
von den Dächern triefte es von Schlaf.

Also trieb's uns übers Trottoir,
wo die Lichter weiße Flecken malten
und die Dirnen für den Tod bezahlten,
der auf ihren grellen Lippen war.

Grüßtest du? Lud ich dich ins Café,
nur um nicht mit mir allein zu bleiben?
Grauer Nebel schlug sich an die Scheiben ...
Einsamkeit, gespenstisches après ...

Daß wir doch das Brot der Liebe brächen
und die Nacht uns wieder freundlich wär
und ein Tropfen Licht von obenher
zitternd trieb, ein Stern, auf unsern
Selbstgesprächen ...

Liebeslied

Tausend Dinge
hab ich für dich aufgespart
goldne Sonnenringe
Sternschnuppen, Schwalbenschwinge zart.

Wie ich meine Zeit verbringe?
Mit Gedanken an dich und Träumen.

Die schaukeln an den Bäumen
und ich klinge
wie eine gezupfte Saite
auf der Geige ... Hörst du sie?

Abendlied für Lotte

Mir reißt der Schlaf die Augen zu
die weiße Sichel schneidt mich nicht
hängt in der Nacht und wirft mir Licht
damit ich mich nicht fürchten tu

ich wälz mich langsam auf die Seit'
der Polster riecht nach Thymian
dann fang ich schon zu träumen an
die alte Standuhr schlägt die Zeit

ich zähl und kann mich nicht verstehn
vielleicht verzähl ich mich dabei
und Morpheus quirlt uns den Brei
den löffeln wir dann beide zwei
ein Stündchen nach dem Schlafengehn.

1952

Alt möcht ich werden

Alt möcht ich werden wie ein alter Baum,
mit Jahresringen, längst nicht mehr zu zählen,
mit Rinden, die sich immer wieder schälen,
mit Wurzeln tief, daß sie kein Spaten sticht.

In dieser Zeit, wo alles neu beginnt
und wo die Saaten alter Träume reifen,
mag wer da will den Tod begreifen — —
ich nicht!

Alt möcht ich werden wie ein alter Baum,
zu dem die sommerfrohen Wandrer fänden,
mit meiner Krone Schutz und Schatten spenden
in dieser Zeit, wo alles neu beginnt.

Aus sagenhaften Zeiten möcht ich ragen,
durch die der Schmerz hinging, ein böser Traum,
in eine Zeit, von der die Menschen sagen:
Wie ist sie schön! O wie wir glücklich sind!

Im Gebirge

Tausend, elfhundert, zwölfhundert Meter
über dem Meeresspiegel
oder wie man das nennt,
mit einem Herzen,
von dem der Tang hängt und in dem noch
die Ungeheuer der Tiefe geistern ...

Mögen es andere leichter haben,
mag die Sorglosigkeit ihre Stirn bohnern
und ihre Körper bewahren
vor den Runen und Runzeln der durchgrübelten Nächte ...

Siehe Geliebte, tausend Meter sind wir über dem Tale,
durch das der Regen peitschte gestern
und wo aus den ängstlichen Häusern
die Müdigkeit quoll in bleiernen Schwaden ...
Wo sind die Gespenster hingeflohen,
in welche Höhlen? Haben die Gnomen
sich endlich verkrochen? ...

Ich trinke die Sonne von der Schaumkrone des Wattenmeers
und ich lenke meinen Kurs nach den dunklen
alten aufrechten Tannen, den Leuchttürmen!

Schwere Stunde

Der Regen fällt, die Zeit wird immer trüber,
ein Licht erlischt, dann löscht ein zweites aus,
man treibt uns wieder in die Nacht hinaus,
— — ach, wär es schon vorüber ...

Vielleicht sind wir um eines größren Ziels
zum Opfer ausersehn; dann heißt es schweigen,
auch wenn uns Schmerz und Scham den Nacken beugen
im Anblick dieses Spiels.

Oh, wüßt ich nur, wo ich die Härte fänd,
um ruh'gen Bluts mich selbst zu überwinden,
die Hand hinstreckend, daß sie mir sie binden,
— dem Brandmal lachend, wenn es noch so brennt.

Glorienreicher Sommernachmittag

Glorienreicher Sommernachmittag.
In den Gärten plätschern die Brunnen leise
und singen die Vögel ganz klein.
In die spinnwebversponnenen Lauben
fällt ein dünner Strahl Sonne herein
und die Schläge der Uhren sind alt
und süß verstimmt, wie aus Glockenspielen.

Man möchte Zeit für Träume haben
und Erinnerungen ...

Ach nein, ich bin meines Tags nicht müde,
ich liebe ihn sehr
mit seinen Maschinen, Aeroplanen und rasenden Autos.
Aber ich gehe gern durch diese Empfindungen
und lege die Finger stilleheischend
an die Lippen meines Gefühls,
das manchmal ... manchmal von einer Stille träumt,
für die es noch lange nicht Zeit,
für die es ein wenig zu früh ist.

Ein Reiselied für Lotte

Jeder Abschied von dir wird mir schwer,
auch nur für Stunden, auch nur für Tage,
wenn ich dir leise »Auf Wiedersehn« sage,
tut mir das Herz weh, jedesmal mehr.

Früh nach dem Aufstehn spiel ich mich lang,
steh und zähl meine grauen Haare,
hab vor dem Tag Angst und rechne die Jahre ...
ach ist mir bang ...

Und ich weiß, ich laß dich zurück
und es geht dir genau, wie es mir geht,
zuckst zusammen, wenn wo eine Tür geht,
schaust nach mir aus, das Warten im Blick.

Jeder Abschied von dir wird mir schwer,
jedes Fortgehn schlägt tiefere Wunden,
uns hat ein Traum aneinandergebunden
und das Erwachen war schöner als er.

Herbst

Es war ein Herbst, nie werd ich ihn vergessen,
die bunten Wälder gingen in mich ein,
der rote Wein rann aus den Traubenpressen.

Mein Herz war leicht, es ging im blauen Rauch,
der abends aufstieg von den Stoppelfeldern,
und wo ein Vogel fortflog, war es auch.

Es war ein Herbst, der schmiegte sein Gesicht
in alle Falten, alle Tränenspuren.
Die Schatten schwanden von den Sonnenuhren,
und wo der Träumer hinsah, war es Licht.

Jedes Jahr um das ich älter werde

Jedes Jahr um das ich älter werde,
singt mein Herz mit größrer Innigkeit
Liebeslieder auf die gute Erde
und das Leben unsrer neuen Zeit.

Immer tiefer such ich sie zu fassen,
die als Jüngling ich weit von mir stieß,
und ich ängste mich, sie zu verlassen,
eh genug ich ihre Schönheit pries.

Wenn ich müde nachts im Traum versinke,
ist's die Erde, die mein Traum beseelt.
Und vergessend, was mich einst gequält,
dank ich ihr,
wenn ich aus Charons Nachen winke.

13. Juni 1951
(Fragment)

Für Alena

Liebstes, Kleinstes, — wenn ich nicht mehr bin
wirst du traurig sein, ich weiß es gut,
du bist mehr von mir als Fleisch und Blut, —
wo ich ende, bist du mein Beginn.

Wenn wir Steine sammelnd bergwärts gehn,
fühl ich, was dein kleines Herz entzückt,
und mein eignes, müdes klopft beglückt,
so als dürft es wieder überstehn.

Deinetwegen, Liebstes, lebt ich gern, —
deine liebste Mutter gab dich mir,
deine Seele ist ein Stück von ihr
und dein Stern ging ein in ihren Stern.

Alle Hoffnung du, mein Traum, mein Glück,
dieser Jahre Trost und Hoffnung du, —
meine Liebe deckt dich abends zu, — —
denk am Morgen gut an mich zurück!!

*Am schwersten 17. Juli 1954, mittags, verzweifelt, glücklich,
sterbensmüd, mit allen Gedanken an Dich, Lotte und Miša.*
                                                            Louis

Andante

Immer knarren die braunen Dielen
und im Alkoven gären die Früchte.
Aus den Noten starren Gesichte.
Wie ist es schön zu spielen!

Ehrbar aus schwarzem Lack und rote
Kerzen in den Leuchtern aus Gold.
Durch den üppigen Rasen rollt
eine goldene Note ...

wie ein Apfel, den Juliwind
aus der reifenden Krone geschüttelt ...
wenn der Herbststurm die Bäume rüttelt,
sammelt die Früchte der Spind.

Nur die Verlornen sind mir begehrt,
die vom Zufall zur Erde gewehten,
denn die Vollen, die Süßen, die Späten,
sind ja jedem und allen gewährt.

Noch einmal

Noch einmal vorm Regen und vorm Schnee
ist der Himmel himmelblaue Seide,
an den Rasenrändern steht noch Klee
und nur leicht betupft vom herbstlichen Adieu,
ach adieu,
schwankt im leisen Wind die Trauerweide.

Amseln picken noch im Gras den schmalen Rest,
picken noch das bißchen Sommer auf, das fiel
aus dem großen warmen Sommernest,
und ein Eichhorn, das schon Haare läßt,
Haare läßt,
treibt mit einer Haselnuß sein Spiel.

Alle Schwalben sind schon fort, o weh,
und die frechen Spatzen werden täglich frecher,
doch die Sonne scheint wie eh und je —
ängst dich nicht vor Regen und vor Schnee!
Übersteh!
... Schwalbenzüge ziehen über Dächer.

Schlaflose Nacht

Schlaflose Nacht und draußen blaßt der See,
vom ersten Morgenschimmer angeschlagen,
die Birkenstämme sind wie Streifen Schnee
und über eine Stunde wird es tagen.

Die Kindheit geht mit leisem Schritt durch mich,
ich hab sie gestern in den Schlaf genommen ...
jetzt geht sie fort von mir, ein Geigenstrich,
zurück ins Dunkel, wo sie hergekommen.

Wo ließ ich euch, die ihr Gefährten wart?
Am Ufer wandert ihr, verwehte Schatten.
Und draußen hebt das Licht die Gegenwart.

Linde vor meinem Fenster

Meine Augen ruhen aus,
das Lied vom Lindenbaum singt in mir,
ruhe, meine Seele, ruhe — — —
auch ich ein fahrender Geselle,
nein, das Leben tut nicht weh!

Tod den Elegien, Tod den Tränen,
der Angst, dem Herzklopfen!
O Erde, Erde!
Meine Lippen leg ich, drück ich an deine Brust
und trinke dein strömendes Blut.

Vögel singen und wiegen sich in der Linde,
die Blüten schwingen und der Wind
trägt auf seinen langen Fingern den Duft
in mein Zimmer.
Ich liege träumend auf dem Bett — —
O Zeit-Erahnen, o Jahre,
wo der Schmerz eine bittere Sage sein wird,
vergessen, vergessen — — —

1950

Epilog

Wenn ich einmal heimgeh,
dorthin, woher ich kam,
aus den Tiefen der Wälder
und hinter den Ur-Nebeln hervor,
wird mein Heimweh nach der Erde
nicht geringer sein.
Ich werde keine Ruhe finden
und mit dem Staub kämpfen,
der tun wird, als wäre er meinesgleichen.

Mit den ersten Schneeglöckchen werde ich
auf den Wiesen stehn,
die noch gelb sind vom Winter.
Mit den Maulwürfen
werde ich die Erde aufbrechen über mir.

Wenn ich einmal heimgeh,
dorthin, woher ich kam,
werde ich ein Fremder sein
an meinem Ursprung.

1950

Gerhard Wolf
Traum und Wirklichkeit in der Dichtung Louis Fürnbergs

1
Liebe zu Böhmen

In diesem Land, wo ich geboren bin,
erfüllt sich mein Gedicht ...

Man hat es wohl vergessen, daß der Dichter Louis Fürnberg, der 1957 in Weimar starb, 1909 im Mährischen geboren, eigentlich in Prag — Schauplatz seiner bezaubernden *Mozart-Novelle* — zu Hause war, und daß er in Böhmens *Hain und Flur* seine Wahlheimat sah. Der Stadt Prag und der Landschaft, die *das Gesicht der Menschen prägten,* verdankt er seine gültigsten Gedichte, gab ihnen als Resumé seines von tragischen Konflikten und unerfüllbaren Hoffnungen gezeichneten Lebens *als wunderbares Gesetz* von Hingabe und Widerfahrung poetisch Kontur. Sieht man von bestimmten Meinungen und Vorurteilen ab, die damals, als man sich im Besitz allgemeingültiger Wahrheiten glaubte, wie heute im Schwange sind, läßt sich erst im Nachhinein die polyphone Zwiespältigkeit seines Hier- und Daseins wirklich ermessen, die er mit allen Fasern seines Wesens verkörperte.

Fürnberg, von bürgerlicher Herkunft, Deutscher, aber Staatsbürger in der von Selbstbehauptung und Okkupationen heimgesuchten Tschechoslowakei, Schöngeist und Kommunist, Jude, also 1938 beim Einmarsch der deutschen Wehrmacht verfolgt, ins Exil getrieben und nach 1945 heimkehrend, wiederum verkannt, in die Maschinerie des Staates gebunden und dennoch zukunftsgläubig, bekannter Autor, der schließlich in Weimar für eine kurz vergönnte Zeit unbedrohte, arbeitsreiche Zuflucht und Wohnstatt findet. Wir erlebten ihn gegen Mitte der fünfziger Jahre als aufgeschlossenen, freundlichen Menschen, der uns Jüngere ohne Ressentiments — sein Bruder war im KZ Buchenwald über Weimar, die Eltern waren in anderen Lagern ermordet worden — freundschaftlich ermutigend entgegenkam, sich und uns am nächsten, wenn er am Klavier seine Chansons, den *Song von den Träumern,* oder burleske Couplets und Moritaten berühmter Kollegen von Wedekind bis Brecht unnachahmlich zum Besten gab; wenn er Motive von Mozart, Dvořák — *Sonatine Opus 100* — oder Gustav Mahler intonierte, die wir bis dahin nicht kannten. Ich höre ihn nicht ohne hintersinniges Lächeln sagen: »Der Mensch ist geheimnisvoll.« Ein Satz von ihm, den Eingeweihte bis heute zitieren.

Das Geheimnis seines Lebens, das wir oft nur in der immanenten untrennbaren Verbindung seines politischen und ästhetischen Engagements sahen, bestand gerade darin, daß wir Diskrepanzen nicht wahrnahmen oder ihnen nicht nachgehen wollten, den Schreiber dieser Zeilen nicht ausgenommen.

So überrascht das Zeugnis eines glaubwürdigen kritischen Zeitgenossen, Fritz Beer[1], der ihn Mitte der dreißiger Jahre in der armseligen Villa des Vaters in Karlsbad besuchte und beschreibt, wie ihm der an Tbc leidende Fürnberg gesteht, daß er »immer Angst vor dem Tode« habe: »Alles, was ich tue, ist eine Flucht vor ihm. Vielleicht auch mein Kommunismus.«

Ist das der gleiche oder ein anderer, wie ihn unser Zeuge auch erlebt, der vom Klavier aus souverän seine Spieltruppe *Echo von links* dirigiert: »Sie rezitierten und sangen, spielten satirische Szenen ... Es gab damals in Fürnbergs Texten kaum eine abgedroschene Phrase ... Dann sang er allein Volkslieder und Balladen, dramatisch und zart ... verzauberte den nüchternen Saal ... in ein festliches Theater, eine Straßenbarrikade, ein Revolutionstheater, ein Liebesbett.«

Das ist der durchaus nicht todessüchtige Fürnberg mit seiner bis Prag und Moskau berühmten Spieltruppe, mit ihren aggressiven Pamphleten damals und später von uns bewundert und wieder herausgegeben — dem Song *Der Radio-Papst*, der ihm den Namen Nuntius einbrachte, unter dem er auch als Pseudonym veröffentlichte, mitreißende, selbstvertonte Texte und Kantaten: *Ein Mensch ist zu verkaufen.* Man übersieht immer, daß Lieder wie *Du hast ja ein Ziel vor den Augen,* oder *Das neue Leben muß anders werden* für die Auftritte dieser Spieltruppen gegen die Armut während der sozialen Krise im Sudetenland geschrieben wurden, 1937 aus antifaschistischem Protest gegen den drohenden Einmarsch der Nazis, Lieder, die sich nach 1945 in der DDR die FDJ an die Fahnen heftete, sie im Marschtritt für ihren Gleichschritt publik machte. Fürnberg wird seitdem gemeinhin nur als Verfasser agitatorischer Lieder und Verse auf und für die Partei beurteilt, um sein gesamtes Wirken und Schaffen in Schatten zu stellen, von der Routine der gegenwärtigen opportunen Medien gar nicht zu reden.

Aber Fürnberg gehört seinem Rang nach in die Gemeinschaft Prager deutscher Dichter der Generation nach Kafka, Werfel, Rilke — »Weltfreunde«[2], wie sie 1965 unter diesem Signum eine Tagung der tschechoslowakischen Akademie der Wissenschaften Prag unter Beteiligung namhafter Germanisten aus Ost und West würdigte, wiederum auf Schloß Liblice, in Fortsetzung der berühmten Kafka-Konferenz, die zwei Jahre zuvor den Prager Frühling von 1968 eingeläutet hatte.

Fürnbergs Werke wurden im Kreise dieser »Weltfreunde« aufgerufen und diskutiert, seine Verse *Leben und Sterben F. K.s*, seine schon sprichwörtlichen Gedichte der Liebe zu seiner Heimat.

Wie in Traum und Handlung
wir verströmen:
Schlaf und Wachsein,
jedes Glück heißt Böhmen.

2
Ein kleines Kapitel Rilke

Ich hör nicht auf, ihn zu bekennen.
Wohin es mich treibt, ich will ihn nennen!...

Als der siebzehnjährige Fürnberg 1926 Rainer Maria Rilke kurz vor dessen Tod im Schlößchen Muzot im Wallis (Schweiz) besucht, den er über alle Maßen verehrt, beginnt für ihn ein lebenslanger Dialog mit Rilkes vorbildlicher Poesie, auch um sich einer eigenen dichterischen Mission zu versichern. *Traumwandler mitten am Tage / Tagwandler mitten im Traum.*

Er hat dieses Ringen in seinem Gedichtbuch *Der Bruder Namenlos*, 1947 zuerst in der Schweiz erschienen, in Erinnerung und Anrufung autobiografischer Stationen von erstaunlicher Intensität durchlebt und durchlitten, die Einblicke in geistig-literarische Strömungen dieser Epoche gewähren, selbst wenn Voraussagen und utopische Ideale nicht eingelöst werden konnten — ein authentisches, lesenswertes *Leben in Versen*. Fürnberg war der vor ihm zu Ende gehenden Ära, dem, was er als ihre wertvolle Tradition erkannte, innig verbunden. Und Rilke war für ihn nicht nur das alte Prag mit seiner deutschen und slawischen Kultur im Herzen Europas.

Ein Buch zum *Bruder Namenlos* aus dem Nachlaß, von dem wir Proben geben, belebt nicht ohne ironische Distanz dieses einmalige Literatenmilieu mit verrauchten Cafés und ihrer Boheme, über der, in steter Kampfbereitschaft mit seinem Widersacher Franz Werfel, Karl Kraus thronte: wo Max Brod mit zionistischer Magie die nachgelassenen Werke Franz Kafkas bekanntmachte, die von da aus Weltruhm erlangten.

Die Dispute um Traumdeutung und Untergang, in Gestalt des sagenhaften Golem, hatten für Fürnberg — *Lausch nicht den Flöten der Rattenfänger, schmeichelnde Flöten, die verführen ...* — anziehende und komische Aspekte, denen er als Parole sein *O nicht mehr Flöte! O Fanfare sein!!* entgegenrief.

Rilke hingegen, das war für ihn vollendete, melodische, alle menschlichen Nuancen aufnehmende Sprache. Mit ihren Anfängen noch im Kontakt zum Volksliedhaften, mit dem »Stundenbuch« bis hin zu den tragischen »Sonette an Orpheus« und den »Duineser Elegien« hat sie in Fürnbergs Lyrik deutlich ihre Spuren hinterlassen, auch wenn er der Auswegslosigkeit und Endkonsequenz Rilkes

>»... denn das Schöne ist nichts
>als des Schrecklichen Anfang ...«

in seiner Elegie *Im Park von Monza* sein

>*O übermenschlich ist's, ein Mensch zu sein*
>*in dieser Zeit!*

entgegenzuhalten sucht:

>*Nichts ist verloren! Nirgends ist Ergebung!*
>*Auflehnung ist im Saatkorn, das die Hülle*
>*zersprengt und aus der Erde drängt! Im Fluge*
>*des Vogels, der die Schwere überwindet!*

Vertrauen in die menschliche Überlebenskraft fand er im Glauben an seine marxistische Weltanschauung. Doch seine an spontanes Erleben der sich überstürzenden Ereignisse des Kriegsverlaufs in der Emigration direkt gebundenen Gedichte erreichen uns, über die unmittelbaren Intentionen hinweg, wenn sie, ideologische Vorgaben übersteigend, das Unfaßbare und Nichtauszudeutende unseres Menschseins mit erfassen. Wenn Fürnberg sich ganz der Natur auch in ihren phantastischen Erscheinungsformen überläßt, dem Überirdischen Raum gibt.

>*Eh man die Ähren nicht liebt und die Beeren,*
>*den Teich in Sternen, die Wiese im Licht,*
>*liebt man auch die Menschen nicht,*
>*ihr Sonnesuchen und Aufbegehren.*

Diese Dimensionen kennen viele seiner Gedichte und lassen sie über die Zeit ihrer Entstehung hinaus dauern. Ein Gelingen, wie er es, Rilke anrufend, selbstbewußt erstrebte.

>*Nur wer so wie wir ihn durchgejubelt und durchgelitten,*
>*weiß, was das heißt: aus seinem Hause gehn ...*

3
Lebenslied

Und wär dies mein Schicksal auch
bis ans ruhmlose Ende, — ach, ich bin nicht müde,
den Sirenen zu lauschen und den
einäugigen Zyklopen Rede zu stehn ...
(Der neue Odysseus)

Man sollte allen Geständnissen seiner Verse folgen, um das Leben Fürnbergs — *die Qual seiner Lust, seiner Launen* — vor Augen und Sinnen zu haben, den geheimnisvollen Sirenen zu lauschen, die Zyklopen zu kennen.

Mein früher Tod geht neben mir / mein brüderlicher Schatten — Fürnberg konnte sich von diesem Schatten erst 1937, nach einer Kur in der Schweiz von der Tuberkulose geheilt, trennen. Er hat die Befreiung, *Das Fest des Lebens,* in einer Traumbuchprosa nahezu neuromantischen Stils emphatisch gefeiert. Da wird Flöte gespielt, nicht Fanfare geblasen.

Er hat das Buch *meiner Frau und Kameradin* Lotte Fürnberg gewidmet, und sie war es auch, die ihn, mit dem Geld des jüdischen Großvaters einen Gestapo-Offizier bestechend, aus der Gefängnishaft befreien konnte[3]; man hatte ihm zuvor *auf dem Lastauto, / als sie mich mit / Bücherkolossen bewarfen,* nahezu das Gehör zertrümmert. Es war, notiert er, *Dein Name,* der ihn Einzelzelle und Erschießungsdrohung überstehen ließen. Er schrieb Lotte Fürnberg seine schönsten Liebesgedichte.

Uns hat ein Traum aneinandergebunden
und das Erwachen war schöner als er...

Fürnbergs Stationen des Exils — *Wir werden durch die Welt gehetzt / noch niemals war die Zeit wie jetzt* — über Italien, Serbien nach Palästina — ich kann nur Stichworte geben — wurden getreulich Ort für Ort, Tag für Tag, Zeile für Zeile fixiert. Verse, nicht *sanften Melancholien zu dienen,* zu denen er neigt und die er zugleich dem Bewußtsein verbietet, um ihnen sein Credo *Ihr meine Verse seid meine Waffen* entgegenzustellen, streitbar bis zur Ungerechtigkeit gegen alle *Versverliebten,* denen er sich aus Überlebensstrategie versagt. Zu seinem Gedichtband *Hölle, Haß und Liebe,* 1943 in London erschienen, schrieb ihm der weltbekannte Erzähler Arnold Zweig, Asylant in Haifa wie Fürnberg im nahen Jerusalem, im Vorwort: »Die Verschränkung von Scharfblick und Zartsinn ..., der ungestüme Glaube, der Sie erfüllt und der einer erkannten, bestätigten, guten und erprobten Sache gilt, der Erweiterung der Menschenrechte auf all unsere Kameraden und Schicksalsgenossen schwingt in Ihren Versen.«

Mit Arnold Zweig verbindet ihn bis später in der DDR herzliche Freundschaft[4]; sie beginnt mit Fürnbergs Beiträgen für die von Zweig in Haifa herausgegebene links orientierte Zeitschrift »Orient«, deren Druckerei von Anhängern der militanten Hagana in die Luft gesprengt wurde. Daß Fürnberg kein Freund der auf einen zionistischen Staat hin orientierten Politiker war, braucht nicht betont zu werden; er versuchte schon damals zwischen Juden und Arabern zu vermitteln.

Daß ihm sein Judentum erst in diesen Hemisphären auf den Leib rückt —, *Ahasvers Enkel* — der sein Verfolgtsein bisher nur seiner kommunistischen Parteinahme zugeschrieben hatte, dafür findet er erst jetzt Worte, die um Fassung ringen, *als die Nachricht von der Ermordung der Nächsten nach Jerusalem zu uns kam.*

Trag nur wer kann sein Herz auf die Straße!... Ein Stilleben mit Blut und Tränen. Sein *Judenlied.*

Nichts hält ihn nach Kriegsende in der *Steinwüste der Seelen* Palästinas. *Für uns existiert nur die Heimat,* heißt es 1945 in einem Brief, *Prag hat sich beispiellos heroisch erhoben. Es ist Frieden, Stalin glaubt an den Frieden, und mit ihm jeder ehrliche Mensch*[5].

Fürnberg betreibt die Repatriierung in die durch den Sieg der Sowjettruppen befreite ČSR, die ihn auch im Exil unterstützt hatte. Er sieht sich endlich in einer *Heimat, die ich immer meinte.*

Es ist von heute aus leicht und schwierig zugleich, in wenigen überzeugenden Sätzen zu schildern, was Fürnberg in den neuen, doch vom Stalinismus gezeichneten Staatswesen widerfährt: Anerkennung und Verdächtigung, Anschuldigung bei gleichzeitiger Selbstermutigung, für eine gerechtere Gesellschaft zu arbeiten, der man Geburtsschwierigkeiten nachsehen möchte, in der aber Funktionäre — viele hatten mit ihm gegen den Faschismus gekämpft — diktatorisch schalten und walten, ihre Opfer auch aus den eigenen Reihen rekrutieren.

Bleibt dem Gedicht nur die gleichnishafte Umschreibung:
    ... ich nahm vom Leben, ich zahle mit Leben ...
Der Wunsch:
    Alt möcht ich werden wie ein alter Baum ...
    Aus sagenhaften Zeiten möcht ich ragen,
    durch die der Schmerz hinging, ein böser Traum ...

Folgen wir dem Ablauf verbürgter Tatsachen.

Freudig bewegt kann Fürnberg — inzwischen weithin anerkannter Autor der 1947 in Wien erschienenen *Mozart-Novelle*, des Poems *Spanische Hochzeit* (1948), von Gedichten, die 1951 im Band *Wanderer in den Morgen* herauskommen, von Nachdichtungen tschechischer Lyrik *Aus Böhmens Hain und Flur* — 1948 in Prag eine Delegation deutscher Schriftsteller begrüßen: Stephan Hermlin, Hans Marchwitza, Kuba, Ludwig Renn, Bodo Uhse aus westlicher, Friedrich Wolf aus Moskauer Emigration in die DDR gekommen, erste Begegnung einer Versöhnung nach den Schrecken der Okkupation und den Vertreibungen danach. Fürnberg wird Botschaftsrat der ČSR in Ostberlin, in Person ein Vermittler zwischen den Kulturen beider Länder.

Da finden 1951 in Prag die berüchtigten Slánský-Prozesse statt. Mit dem Generalsekretär Slánský wird, auf Betreiben Moskaus, nahezu die gesamte Parteielite der KPČ unter der Anklage verräterischer, zionistischer Verschwörung zu Todes- oder langjährigen Haftstrafen verurteilt. Fürnbergs Vorgesetzter, Botschafter Fischl, wird hingerichtet. Viele Bekannte Fürnbergs, wie Eduard Goldstücker Juden, kommen ins Zuchthaus. Lotte Fürnberg erzählt, wie sie alle Schriftstücke, Briefe, Tagebücher, die belastende Namen enthalten konnten, vernichteten.

Fürnberg wird 1952 aus seinem Amt in Berlin abberufen, er sah die *Tragik meines Lebens* darin, *daß ich ein deutscher Dichter und ein tschechoslowakischer Diplomat bin, ein nie zu lösender Zwiespalt ... Unbedingt im Innersten in Böhmen daheim* (Tagebuch 1952).

Die deutschen Prager Schriftsteller F. C. Weiskopf und Louis Fürnberg, von der Justizwillkür verschont, können mit Zustimmung des Parteiapparats 1953/54 in die DDR übersiedeln. Fürnberg wird Stellvertretender Direktor der Nationalen Forschungs- und Gedenkstätten der klassischen deutschen Literatur in Weimar, mit ständiger Büroarbeit und vielen dichterischen Plänen. 1956 begrüßt er erleichtert die Enthüllungen des XX. Parteitags der KPdSU über die Verbrechen Stalins und schreibt uns: *Tauwetter — Tauwetter ... Ich dichte wieder! Seit Jahren nach diesem endlosen Amtieren und aus Ekel stumm sein zu müssen: wieder im »eigenen heimlichen Reich«!*

Fürnberg stirbt, 48 Jahre alt, an Herzinfarkt, er sagte: »Die Prozesse ...« In seinem Gedichtband *Das wunderbare Gesetz* von 1956 findet sich sein schon 1950 verfaßter *Epilog*:

> *... Ich werde keine Ruhe finden*
> *und mit dem Staub kämpfen,*
> *der tun wird, als wäre er meinesgleichen ...*

Sein *Lebenslied*, in archetypischen Metaphern im Jahr seines Todes 1957 geschrieben, endet mit dem gewünschten Vermächtnis:

> *Daß erst die Dunkelheit*
> *von dieser Erde weiche,*
> *sind wir zu reiner Tat*
> *im Leben hier bestellt.*
> *Wir sagen Ewigkeit*
> *und meinen nur das Gleiche,*
> *das immer siegend steigt,*
> *obgleich's der Schnitter fällt.*

---

[1] Fritz Beer: »Hast du auf Deutsche geschossen, Grandpa?« Fragmente einer Lebensgeschichte, Berlin 1992
[2] Weltfreunde — Konferenz über die Prager deutsche Literatur, Prag 1967
[3] Lotte Fürnberg in: Ulrike Edschmid »Verletzte Grenzen«, Hamburg/Zürich 1992
[4] Der Briefwechsel zwischen Louis Fürnberg und Arnold Zweig, Berlin 1978
[5] Louis Fürnberg: Briefe 1932—1957, Berlin und Weimar 1986

Anmerkungen zu den Gedichten

Skizze
ein Feuer von Konstanz hat mich verzehrt — Gemeint ist die Verbrennung des tschechischen Reformators Jan Hus 1415 in Konstanz.

Antonín Dvořák, Sonatine op. 100
Antonín Dvořák — lebte längere Zeit in Nordamerika und beschäftigte sich mit indianischen Volksliedern.
Fischern — Vorort von Karlsbad, wo die Familie Fürnberg wohnte.

Café Continental
Café Continental — Literatencafé in Prag.
Könnte dein Dichter dich sehn — Rainer Maria Rilke.
Masná 10 — Haus in der Prager Altstadt, in dem Louis Fürnberg als Student wohnte.
Salus — Hugo Salus (1866—1929), Prager Dichter.
Anthroposophie und Hellerau — Kulturreformbewegungen zu Beginn des 20. Jahrhunderts.
Bondy und Fürth und Hirsch — Prager Caféhausliteraten.
Karl Kraus — österreichischer Schriftsteller und Journalist.
Werfel — Franz Werfel, aus Prag stammender Dichter und Schriftsteller, Verfasser des Schauspiels »Paulus unter den Juden«.
Břevnov — Vorstadt und Kloster in Prag, wo einige der jüdischen Caféhausintellektuellen zum Katholizismus übertraten.
Brod — Max Brod, Herausgeber der Werke Franz Kafkas.
»Traumdeutung« — Hauptwerk von Siegmund Freud. *vom Spenglerschen Untergang* — Oswald Spengler (1880—1936), Kulturphilosoph, Hauptwerk »Der Untergang des Abendlandes«.

Leben und Sterben F. K.s
F. K. — Gemeint ist Franz Kafka.
Troja — Prager Vorort.
Karls-Bad — altes Stadtbad im Zentrum Prags.
Schofars schrilles Schrein — Widderhorn, das beim jüdischen Neujahrsfest geblasen wird.
Werfel, Fuchs und Brod und Baum — Prager deutsch-jüdische Schriftsteller.
Pollak — Sekretär von Max Brod.
Utitz — Professor der Philosophie.
Weltsch — langjähriger Leiter der Universitätsbibliothek in Prag.

Prag 1939
Belvedere — Schloß und Park über der Moldau in Prag.
St. Niklas' — Barockkirche in Prag.

Adieu und Tüchelein
Nachdichtung von Louis Fürnberg nach Vítězslav Nezval (1900—1958), tschechischer Dichter.

Das Duxer Lied
Das Gedicht entstand im Jahre 1930, als eine Bergarbeiterdemonstration im Auftrag des Grubenbesitzers *Petschek* blutig auseinander getrieben wurde.
Pendreck — Gummiknüppel.

Der Radio-Papst
Kann er den Feiernden Arbeit geben? — Gemeint sind die Arbeitslosen. Dieser Song brachte Louis Fürnberg sein Pseudonym Nuntius ein. Er war weitgehend nur darunter bekannt, weshalb er noch 1943 die erste Ausgabe von »Hölle, Haß und Liebe« in London unter Nuntius veröffentlichte. Es rettete ihm auch das Leben, weil die Häscher nicht wußten, daß sie mit Alois Fürnberg den Nuntius gefaßt hatten.

Ein Mensch ist zu verkaufen
Das Stück sollte im Februar 1938 in Wien uraufgeführt werden, wurde jedoch nach der Generalprobe polizeilich verboten.

Und manchmal ein Tor und nistende Schwalben
trunkenes Schiff — »Das trunkene Schiff« Gedicht des französischen Dichters Arthur Rimbaud (1854—1891).

Château de Muzot-sur-Sierre
Château de Muzot-sur-Sierre — Rilkes letzter Wohnsitz im Schweizer Kanton Wallis.
Paul Valéry — französischer Dichter (1871—1945), dessen Werke zum Teil von Rilke ins Deutsche übertragen wurden.

Im Park von Monza
Monza — oberitalienische Stadt.